AUX INNOCENTS LA BOUCHE PLEINE

DU MÊME AUTEUR

Paris Vins, Éditions du May, 1987
Guide des stations d'hiver, Julliard, 1995
Paris Fines gueules, Éditions du Levant, 1996, 1997, 1998, 2000
52 week ends en Europe, Assouline, 1999
Chairs de poule, Éditions Agnès Vienot, 2000
Recettes de la Cocotte, Éditions Staub, 2001
La Provence d'Alain Ducasse, Assouline, 2000
Comment se faire passer pour un critique gastronomique sans rien y connaître, Albin Michel, 2001
Miam miaou, recttes pour chat moderne, Agnès Vienot, 2002
Hôtels de Paris, Assouline, 2003
Adresses choisies pour des amis qui ne le sont pas moins, Hors Commerce, 2004
Toscanes, roman, Assouline, 2004
N'est pas gourmand qui veut, Robert Laffont, 2005
Eden Roc, Assouline, 2007
Jean-Paul Hevin, Assouline, 2008
Recettes de l'Eden Roc, Assouline, 2008

En collaboration

Voyages d'écrivains, L.-F. Céline à New York, Plon-*Le Figaro* 2002
Vins et vignobles de France, Larousse, 1988
Guide GaultMillau, 1981, 1982, 1983, 1984
Le Sommeil, 48 h au Lutetia, Scali, 2004

FRANÇOIS SIMON

AUX INNOCENTS LA BOUCHE PLEINE

ROBERT LAFFONT

ISBN 978-2-221-11104-8

À *Laurent Bonelli*

La plupart des hommes se promènent à Paris comme ils mangent, comme ils vivent, sans y penser... Oh, errer dans Paris ! Adorable et délicieuse existence ! Flâner est une science, c'est la gastronomie de l'œil. Se promener, c'est végéter. Flâner, c'est vivre.

Balzac, *Physiologie du mariage*.

34

On ne devrait jamais voir un cuisinier qui mange

Paris n'a plus de ventre. Mais un nombril. Les Halles sont parties dans la périphérie, sous glace et polystyrène. En deux coups de cuiller à pot, le centre s'est déplacé place de la Madeleine. S'y entassent avec une certitude impassible les enseignes les plus décidées : Hédiard, Fauchon, Maison du Caviar, de la Truffe, Baccarat... logiquement, on devrait avoir le tournis, pester devant tant de tentations. Le centre-ville est devenu mou. Satisfait. Il manque d'allure, de sens, de chien. C'est un peu comme Paris, vaquant comme ses modes, par embardées. Sans cette exaltation qui empourpre, éventre. L'église de la Madeleine durement plantée est sans doute posée comme un reproche lancinant. Elle empêche toute lisibilité, tout recul. Elle cadre la gourmandise comme un car de gardes républicains. Mine de rien avec ses airs détachés, sa collection de colonnes rangées comme des crayons à papier, son front de bicorne, elle est comme une mère fouettarde veillant à ce que l'on se range par deux avec les sacs estampillés. Elle est là comme une pierre lourde.

Il était midi pour ce rendez-vous. L'heure idoine pour devancer tous les métronomes. À ce moment, les restaurants sont désarmés. Ils se préparent. Ils sont sans défense, rattrapant le temps perdu, faisant chauffer les colles, lustrant les nickels, admonestant les serveurs retardataires. Parfois même, les cuisiniers mangent à une table. Il faut les voir, comme surpris dans une séance d'anthropophagie. Les yeux éberlués. Ils becquettent comme des coureurs cyclistes, le dos cassé, le nez dans le guidon. Ils sont déjà dans la transe industrieuse. Que mangent-ils ? Des restes, des bouts (de ficelle), des plats obsessionnels, roboratifs, des plats fétiches revenant comme une ritournelle enfantine (grosses plâtrées de pâtes, viandes outrageusement poivrées, salade de bric et de broc, yaourt au chocolat). C'est rarement appétissant. Comme du plâtre, un enduit, un bouche-trou. Comme s'ils se vengeaient de l'engeance alimentaire. Ils sont déjà dans le tunnel. Sont dans la zone interdite, celle des clients ; les bien habillés, les propres. Eux sont déjà dans la fumée, les odeurs et le gras. Ils sont déportés, en transit, bouffent comme des dératés. Les cuisiniers mangent vite. Ils ont cette impatience des hallucinés. Ils sont précipités comme leurs sauces. Comme s'ils allaient trouver la réponse à une question qu'on ne leur pose jamais. Ils sont habillés comme des forçats. De blanc approximatif, de pantalons noués à la va j'te, vestes serrées. De toutes les façons, il fera bientôt trop chaud, trop exigu. Ils causent à peine. Des mots vraqués, bousculés, réduits. Pas le temps. Jamais vraiment prêts. Toujours ce retard que l'on va chercher, histoire de faire monter la pression. Il devient presque organique, ressemble à un plat de nerfs.

On ne devrait jamais voir un cuisinier qui mange.

Il était midi moins le quart pour être précis. Rien de tel que d'arriver en avance. Si l'exactitude est la politesse des rois, que dire d'être là avant l'heure ? C'est exquis. On peut accrocher tranquillement sa bicyclette, choisir son amarrage. Vérifier sa mise dans le reflet d'une vitrine. Celle-ci est celle du Lucas-Carton. Ou du moins du restaurant « Alain Senderens ». Il y a une vingtaine d'années, c'était à Noël, le 20 décembre 1985, nous sortions d'un repas insensé ; de ce genre de calvaire breton fait de granit et de chagrins salés. Les vins avaient dû couler à flots ; avec probablement l'adéquation scandée par les spécialistes : le gras avec le gras (le sauternes sur le foie gras), les vifs avec les toniques (le muscadet sur l'iode), les ronds avec les dodus (bourgogne avec volaille), les délurés saignants avec les tordus (côtes-du-rhône sur gibiers)... Pour tout avouer, ce genre de redondance appartient à l'esprit de la sommellerie que je soupçonne de courte vue. Avec eux le monde semble sortir d'une vignette d'école maternelle. Un lapin se cache dans le paysage... Sauras-tu le retrouver ? Du gras avec du gras, certes, et pourquoi ne pas rajouter du beurre salé sur le pain de campagne toasté, du saindoux en cube. Il y a un angélisme bien carré, un bon sens (joliment antipopulaire) qui les pousse à boire des vins trop chauds (champagne, vins blancs) dans des verres trop petits, en quantité trop grande. Ah les sommeliers..., il faudrait peut-être les noyer et nous laisser boire à notre guise.

C'est ce que nous fîmes. Boire à notre guise. Et nous aurions pu sortir torse nu tant l'apport calorique avait été glorieux. Par chance, la vestiaire nous plaqua sur les épaules de solides pardessus. La journée était belle, avec des cieux d'un bleu Petrossian Sevruga. Il y avait cependant une petite fumée rousse qui se dégageait par-derrière le temple grec. Les voitures de pompiers occupaient toute la bande-son. Nous nous approchâmes : Fauchon était en feu. C'était comme un sabbat, une offrande païenne, une damnation en sucre d'orge, la caramélisation des sens. Il y avait dans cet étrange feu de joie un goût troublant, celui d'une inconfortable rédemption. La scène était en tout cas grandiose, emballante comme un dessin de Dubout. Les manteaux de mohair et les lodens formaient un arrondi autour des casques et des vestes de cuir des pompiers. L'écarlate, le cachemire, le vif-argent, c'était Paris dans son pathos léger et accessible. Personne ne savait alors qu'au même moment, au quatrième étage, périssaient dans les flammes la gérante de la société et sa fille.

33

Il fallait voir nos bobines, un vrai tableau de Francis Bacon

Derrière la vitrine, Senderens ne doit pas être loin. C'est sans doute le premier à avoir posé son menton sur la paume de sa main avant de fixer un coin de plafond. Il écrivait de sacrés pensums étirés comme de l'aligot à la une du *Monde* en signant « Alain Senderens, cuisinier ». Une audace qui laissa ses confrères médusés. Et rudement envieux. Il faut dire qu'Alain Senderens peut se targuer d'avoir donné à la gastronomie une belle dynamique avec ses accords mets/vins lors de ses mythiques séances du Goût Juste. Je m'en souviens, je fus même à l'origine de ces séances baroques. Pendant des heures, des professeurs Cosinus (il y avait là Jacques Puisais) et des rouleurs de boulettes de pain glosaient, loupe à la main (tu parles, des verres et des verres de vins fabuleux), sur le cépage idoine pour se marier avec les petits pois. C'est tout juste si on ne faisait pas entrer dedans la saveur des paumes, le goût des lèvres. Parfois au bout de quelques heures, sortant de nos nuages éthyliques, l'un d'entre nous se frappait bruyamment la main sur le front et, pof !, décrétait, non sans raison, qu'il ne fallait surtout pas un montrachet sur les pinces du homard (rien à voir avec les chairs de l'abdomen) mais un condrieu. Et bing, on ouvrait à nouveau une bouteille de condrieu. Parfois cela faisait un drôle de son dans la tête, une sorte de rayon vert. On ne bougeait plus parce qu'on venait de toucher à la fois le fond du fossé et ce qu'il y a de plus émouvant dans la gastronomie. La troisième dimension. Il aurait fallu voir nos bobines partir comme dans un tableau de Francis Bacon. On avait l'impression très nette d'avoir le nez qui poussait, la langue devenir celle d'une vache, la bouche comme une gargouille de Notre-Dame. Ce devait être beau à voir dans ce fatras de verres. On bredouillait d'émotion. On racontait très vite comme si l'on venait d'assister à un accident : un manzanilla venait de se fracasser sur des belons rôties dans leur coquille lutée beurre blanc aux noisettes, et toast au jabugo. Ça n'a l'air de rien mais quand on voit les images au ralenti, on réalise alors que l'acidité et la fraîcheur de ce manzanilla (El Rocio, Gonzales Byass) venaient tout bêtement de transpercer le gras de l'huître. Ajouter à cela les arômes de noisette et d'iode, les saveurs deviennent dingos. Encore un autre ? Un meursault 1997 s'en va lécher des langoustines royales au vermicelle croquant, crème de coquillages, noisettes torréfiées. On en bredouillait devant ces apparitions de la Vierge Marie. On retrouvait des notes griffonnées, illisibles, maculées de beurre salé de chez Bordier, de gouttes de vin. On aurait peut-être pu y lire quelque chose comme ça : le vermicelle croquant remplace la carapace de la langoustine, il apporte du croustillant tout en conservant les saveurs, le moelleux de l'animal. En douce, cocufiant l'équilibre, la langoustine va à la rencontre de la chair du meursault pendant que le vermicelle communique avec les notes boisées et torréfiées du vin.

C'était grandiose, sorti des cintres d'un opéra céleste : puligny-montrachet 1969, foie gras de canard et cèpes cuits sur un tapis de mousse. Et ça continuait dans l'hallucination : jurançon moelleux avec un foie gras de canard au chou, à la vapeur avec un rentre-dedans incessant lorsque le gras du foie s'en va communiquer avec le chou (deux alliés devant l'éternel). Par-derrière, ça joue des maracas décuplés par un « toucher en bouche » unique avec gros sel et mignonnette de poivre. Un barbichu se lève et pointant l'index vers le ciel déclame : « Le jurançon restitue idéalement la légèreté du foie gras, son côté sauvage et animal. On obtient alors une rondeur, un moelleux et une puissance aromatique extrêmes. » Et la canonnade se poursuit. On croit parfois apercevoir Dieu tout au loin débouchant un flacon. Un meursault 1993 pour le homard de Bretagne à la vanille. « Pourquoi, s'étonne faussement Alain Senderens d'une voix blanche, parce qu'en cueillant un jour une fleur de vanille au Sri Lanka, je l'ai instantanément associée avec le caractère sucré du homard breton lorsqu'il est à la bonne cuisson. L'idée fut alors de faire un plat salé avec de la vanille. Le meursault (domaine des Comtes Lafon) naturellement vanillé connaît alors un accord sublime. »

Du coup, tout s'enclenche dans un rodéo lumineux : savennières clos de la coulée-de-serrant 1988 et saumon sauvage d'Écosse à l'aneth cuit dans l'argile. Banyuls, canard Apicius rôti au miel... « Et le pain ? » quémande l'un. Silence. « Faut tout reprendre », déclame un ahuri dans l'engourdissement bienheureux.

Alain Senderens était un as. Sans trop mettre la main à la pâte (rares sont les documents le montrant aux casseroles mais plutôt en train de frotter sa barbichette sur l'épaule de brillants seconds tel Bertrand Guéneron, aujourd'hui au Bascou : vraie bonne table postée rue Réaumur), il n'avait de cesse de chercher les contrepieds. Le dernier en date consistant à rendre ses trois étoiles pour transformer sa cathédrale du Lucas-Carton en « brasserie » (mot qui le révulse) branchée et tapotant sur les goûts et les prix. Il fit venir un jeune plasticien qui planta quelques piqûres de collagène propres à enthousiasmer les médias, et hop le tour était joué. Le service mit un certain temps à piger le coup de la centrifugeuse, désarmé par l'informalisme ambiant, découvrant (presque avec effroi) les serviettes roulées en boule sur la desserte. Mais on le retrouva Senderens, tel un Mick Jagger tirant la langue à la concurrence, n'oubliant pas de fayoter avec le Michelin, se shootant au jeunisme. On aurait dit, avec sa femme Eventhia, Georges et Claude Pompidou découvrant Vasarely dans les années 70.

Tout le monde se félicita de sortir enfin de ces ères glaciales où les prix étaient effarants. Je me souviens précisément d'une assiette d'asperges servies il y a une dizaine d'années au prix ahurissant de 820 francs (soit 120 euros). Certes, l'une d'entre elles était creusée comme un canoë avec du caviar à l'intérieur mais, à ce prix-là, il aurait mieux valu qu'il roule délicatement dedans un billet de 500 francs. La clientèle aurait été ravie, le fisc et la critique auraient applaudi.

Senderens a toujours été comme ça, vif-argent, se demandant comment être là. Charles Barrier, ex-trois étoiles à Tours, glorieusement passé à l'as par les médias, se souvient de lui encore à l'enterrement d'un collègue (un chef, comme les mineurs et les journalistes, ça meurt jeune). Comme tous les provinciaux, Barrier était venu modestement. « Je vivais simplement, se souvient cet homme extra, sans apparat ni luxe. Devant me rendre à Paris, j'y suis allé comme tout le monde le ferait – avec le train puis le métro. Ce jour-là, il y avait l'enterrement d'un confrère. J'y suis allé et je suis tombé sur Senderens. Il s'étonnait que je n'aie pas de voiture. Alors, très gentiment, il me proposa de me conduire à la gare. À cette époque, il n'avait qu'une étoile au Michelin. Dans la voiture (une belle Alfa Romeo rouge), je le vois encore en train de tirer sur son cigare et de se lamenter. Il était dégoûté d'être "bloqué" à une étoile. On discute et je le sens impatient de me poser une question. Il me la posa enfin. "Charles, comment fait-on pour avoir les trois étoiles ?" Je lui ai répondu la chose suivante : "Faut que tu fasses bien, toujours au boulot et se donner entièrement." »

32

Pas étonnant que les Français n'y pigent que couic...

La place de la Madeleine ne tourne pas rond. En fait, sa gouaille s'en est allée lorsque fut cassé le passage Berryer pour en faire une galerie marchande ripolinée à souhait. Il y a une quinzaine d'années, il y avait là un marché plein de couleur, inattendu et vous sautant dessus comme un vigoureux brochet. Les ménagères venaient, les touristes aussi, tombant dans ce délicieux cliché parisien avec cette tendresse contrite qui nous les rend si antipathiques. Dans ce passage, il y avait aussi un bar à vin, tenu par Mark Williamson et Tim Johnston. C'est ce dernier qui m'a appris le vin. J'avais beau demander à mes confrères œnologues de me donner les clés de la cave, ils n'étaient pas tellement chauds pour entrouvrir le caveau. Ils étaient au frais, bordés de bouteilles pour trois générations, pourquoi laisser rentrer les juniors. Ce pli de rapiat est sans doute leur marque de fabrique. Même leurs articles étaient empreints de cette suffisance égoïste. Pas étonnant que les Français n'y pigent que couic en vin, leurs spécialistes sont endormis dans leur hamac, pelotonnés contre leur magnum de morgon. Tim, lui, commença à m'apprendre la prononciation correcte des vins des « kôt diou rwone » : « kôt rwotiii, tchat'o'nef du 'pap et autres kôôôônasses »...

L'heure filait. En faisant un léger crochet par la rue Royale, je pouvais arriver pile à l'heure. Voici Maxim's qui a par une vertu soudaine retiré sa vilaine terrasse couverte pour retrouver sa superbe façade d'origine. Chaque fois que je passe devant, je ne puis m'empêcher de penser à mon premier dîner ici. Il pleuvait. Le directeur de salle me tendit la main pour prendre mon parapluie. Sans réfléchir, je lui ai serré la main. Maxim's ? Il ne fallait surtout pas oublier cette adresse. Y retourner vite, même pitoyable et encastrée dans le décor, cette table est indicible.

Maxim's appartient à cette étrange caste des restaurants à beaux décors. Humm, mieux vaudrait souvent parler des restaurants qui sont rentrés dans leur propre décor. Une sorte de marche arrière d'étourdis, de pâmés qui dans l'ivresse de se voir si beaux dans leur rétroviseur emplafonnent le premier platane venu. La liste est longue, navrante. Le Train Bleu, la Tour d'Argent (sous cloche actuellement), Vagenende... On pourrait forer loin ainsi dans cet étrange défilé de fantômes agitant leur boulet, leurs chaînes et leurs draps de tergal. En réservant chez Maxim's, on s'accordait au moins une chance. Que la magie joue, la nostalgie nous embue les yeux... En tout cas, question réservation, c'était ce jour-là un véritable boulevard. Il fut un temps où il était du plus mauvais goût de réserver dès 20 h 30. La bonne idée était de laisser la salle se remplir de touristes et d'arriver vers 21 h 30-22 heures. Maxim's était chauffé et vous héritiez directement de la salle d'honneur. Quel bonheur alors, le velours des banquettes, les serveurs fiers (ça, question arrogance on était servi !) et surtout des tablées à vous dévisser le cou.

Tout le monde le sait, la table n'a jamais été le fort de Maxim's. C'est devenu une habitude comme du reste de manger banalement à la Tour d'Argent. Le spectacle est ailleurs. En soi, serait-on tenté de dire tant il faut actionner la machine aux fantasmes et aux illusions. Donc, pas de grande surprise, les entrées assumaient une gentille fraîcheur de tourteau avec fines herbes sorties comme des antennes. La canette avait un vrai caractère (un peu dure) mais avec les pommes soufflées. Il y eut un moment d'illusion plaisant si toutefois on écartait des fèves quelque peu farineuses. En dessert, un vrai soufflé, réussi et bien parfumé au Grand Marnier. L'ensemble était sans grand génie mais honnête avec toutefois un timing laborieux, il a bien fallu attendre quarante-cinq minutes avant de pouvoir grignoter autre chose que le pain (bien) et le beurre alors qu'il n'y avait ce soir-là que sept tables (dont une seule de quatre).

Heureusement qu'il y a les croyants (souvent des étrangers) qui viennent réchauffer la flamme de Maxim's. Ils apportent tout leur cœur et se jouent « Happy Birthday » dans le désert des Tartares. Cela ne dure que quelques minutes, le temps de voir les fusées s'agiter comme pour une improbable survie. Une tablée de mauvais garçons en lunettes noires et sans cravate *(shocking !)*, un oncle avec une ravissante nièce de l'Est, une famille de provinciaux. Dans ce contexte, le service est pathétique, il en devient admirable. Car, au moins, ils jouent le jeu, miment la grande époque. En deviendraient ventriloques. Feraient tout seul des *standing ovations*. Ils entretiennent la connivence, s'accrochent aux lustres, extraient de la neurasthénie pourpre une joie dentrificielle qui force l'admiration. Il n'y a pas plus douloureux de voir cette admirable maison naviguer entre le chagrin et la pitié. Il est des causes pour lesquelles il faudrait savoir se lever et Maxim's en fait partie. Les banquettes sont trouées, il n'y a plus de pochettes d'allumettes armoriées. Dans cette sorte de *Titanic* abandonné vacillant sous les « hop, hop, hop » de Luis Prima, « La Mama » de Charles Aznavour s'en vient retentir lugubrement vers 23 h 45. Hélas, ce n'est pas comme dans la chanson. Maxim's se meurt mais personne ne vient, personne n'est là.

31

Le livre dort, ne le réveillez pas

À droite, le Crillon a toujours un mal de chien à se glisser dans le siècle. Dans le livre d'or du palace, Serge Gainsbourg avait tout résumé : « Le livre dort, ne le réveillez pas. » Le Crillon ne peut laisser indifférent tant l'âme des lieux est omniprésente. Elle exalte tout bonnement, à l'instar du poète russe Sergueï Alexandrovitch Essenine qui explosa de fureur dans sa suite : il arracha dans une crise de démence les rideaux et bouscula les meubles. On dut faire appel à la maréchaussée qui se déploya pour neutraliser le colosse. Son épouse, l'extraordinaire danseuse Isadora Duncan, icône immortelle du monde artistique du XXe siècle, fut particulièrement froissée par la façon dont la presse relata l'incident. On parla en effet d'une « nouvelle crise de ménage ». Il n'en était rien. « Si ce genre de journalisme continue, vos journalistes ouvriront le couvercle du cercueil pour décrire de façon humoristique l'expression du mort. »

Au restaurant, la superbe salle des Ambassadeurs, il est rare de voir les clients jeter leur serviette de rage car la cuisine appartient à ces cuisines de demain où la sole apparaît en parallélépipède, le bœuf en barrette. On observe avec bonté et sang-froid. Quelle est la meilleure table ? La 14 au fond de l'admirable salle, à gauche, près des fenêtres. À l'heure du déjeuner, le soleil donne sur une superbe coupe de cristal de Baccarat taillée et dorée. C'était la table de Jean Taittinger. C'est aussi celle de Roxane Debuisson, gente dame de la gastronomie qui depuis une vingtaine d'années fréquente quotidiennement les restaurants de palace. Elle s'y rend dans l'une de ses cinq Rolls. Portant toujours des verres fumés, ses apparitions sont précédées par les attentions de la sommellerie. À chaque déjeuner, qu'elle soit accompagnée d'une seule ou de plusieurs personnes, un magnum de champagne Dom Ruinart l'attend dans sa corolle de glaçons. Elle aussi a le droit à la coupe Baccarat. Un 1er avril, un facétieux directeur de salle, sanctionné depuis lors par une promotion dans la hiérarchie, glissa dans la coupe, sous le lit de pétales de rose, un petit poisson rouge.

Roxane Debuisson est sans doute la seule personne à Paris à connaître le nom et le prénom de tout le personnel de salle et de cuisine (pâtissiers compris). Au restaurant, elle met souvent un point d'honneur à terminer la dernière. Elle aime alors réunir le chef et ses amis. Il n'est pas rare de les entendre entonner l'air favori de Mme Debuisson : « Chez Laurette ». Un beau jour, il fut écrit une version pour le trio Wanderer. Elle fut exécutée en petit comité dans l'un des salons du Crillon. Parfois, lorsque la mélancolie la prend, elle aime dire dans un sourire : « Il était grand temps que nous vivions. »

Il était donc midi rue Saint-Florentin. Une table pour deux était réservée au salon de thé japonais Toraya. Ce lieu est désarmant de dépaysement. On se croirait dans une petite ville de province au Japon. Du reste la clientèle est essentiellement nippone. Quelques rares Occidentaux viennent se mêler en prenant bien soin d'être encore plus discrets qu'ils ne le seraient ailleurs. Il y a là des appétits studieux, millimétrés. Des femmes essentiellement.

Un SMS vibra dans la poche. Il annonçait du retard. Elle arriva donc avec ces quelques minutes qui donnent ce relief si doux aux personnes guettées. La table qui nous était réservée était située derrière une colonne si bien qu'il était malaisé de la voir dans sa silhouette, sa démarche. Va pour l'irruption subite. Dans ces instants, il y a comme une déraison qui vous envahit, une douce panique, le grain de la vie prend une intensité qui effraie. Tout rentre dans le champ de vision comme par bouffées. Des étoffes, des gestes, une épaule, un sourire. On se dit alors que si le cœur bat fort c'est qu'il ne parvient plus à ranger toutes ces impressions. Heureusement, le serveur arriva, glissa une carte de mets dont la précision était un vrai bonheur. Deux bentos, du thé vert et un matcha pour le dessert. Il est donc aisé de parler d'autre chose (la chamade), de tout, de sauter sur n'importe quel paradoxe, sur le premier raccourci venu pour arriver au cœur des mots, de l'impression.

De quoi avons-nous parlé ? De ses vacances au Vietnam. De sa bicyclette. De sa future maison. De son ancienne. Elle me parla de l'importance des rêves.

Et me demanda de les prendre au sérieux Je ne pouvais que répondre par une concentration forcenée qui j'espère n'était pas trop visible. Dans ces cas-là, on brise tout à vouloir trop polir. Elle me demanda alors où j'en étais de mon prochain livre. Rien n'était écrit mais le livre avait déjà commencé...

— Pardon ?

— Comment dire... Vous savez, j'ai terminé l'histoire d'un hôtel avec ses clients, ses anecdotes. Au lieu d'être payé en droits d'auteur, je vais me faire rétribuer en week-ends.

Le nombre de séjours a été fixé à cinq. Chemin faisant, se posa un délicieux dilemme. Que faire de ces week-ends ? Il était facile de prendre le premier avion mais que fallait-il prendre par la main. Seulement sa valise ? Il fallait donc trouver ces cinq personnes. Cette question n'était pas si facile. Cinq. On griffonne une liste. On savoure une hypothèse. Ce serait alors ce roman.

Tout en lui parlant quelque chose devenait irréversible. Un chapitre venait de démarrer naturellement. C'était tellement clair qu'il semblait même ne pas avoir besoin de mots pour l'écrire. Bien entendu, elle me posa des questions. Celles-ci étaient superficielles pour que le trouble ne vienne pas de si tôt. Voilà pourquoi un silence se fit dans le calme appliqué du salon de thé.

— Vous disiez ?

— Non, rien...

Au moment de se séparer, nous ne nous sommes pas embrassés. Juste des salutations urbaines avec cet éloignement qui taraude, donne tant envie de précipiter le prochain rendez-vous. Mais celui-ci allait être lointain. Elle partait en vacances (« nager en Corse »), il faudrait donc attendre plus d'un mois. Deux mois. Avant de partir, elle me fit cette ultime recommandation (« N'oubliez pas de rêver »).

30

Finis la rigolade, les bentos et les caramels au beurre salé

La nuit suivante, ce ne fut pas triste. Une femme policière me convoquait dans une grande bâtisse (le commissariat). Dans une formulation diabolique, elle me demanda si le meurtrier présumé d'un assassinat pouvait se sentir soulagé depuis mon arrestation. J'avais donc commis un crime. Et très précisément, les contours de cet assassinat me revinrent. C'était tout de même confus. Il y avait là des fruits. Ou des globes. Ou des grosses boules. Ou des lustres en opaline. Des boulets sans doute. Des sphères. Rien de vraiment précis mais qui suscita entre nous une vraie empoigne. Dans la mêlée, bien entendu, on se griffa. On s'étrangla même comme des demeurés. On ? Nous ? Bien sûr, je n'étais pas seul à me disputer ces trophées. Il y avait là une personne. Une femme. Une vieille dame. Non, une dame. Les contours n'étaient pas nets. On se battait, quoi. Elle dut périr ainsi, c'était clair. L'important n'était pas là mais plutôt dans ces fichus pendentifs. Qu'en faire ? Je laissais cette pauvre femme raide morte et m'enfuyais en Vélosolex. Ou était-ce en voiture ? En bus ? En camionnette ? En triporteur ? En pousse-pousse ? Tout ça. C'était rudement imprécis. Mais fidèle à mes rêves qui ne cessent de tournoyer. Un os devient un javelot, une perche, un aqueduc, un cure-dent. Une bretelle d'autoroute, un jardin suspendu, une terrasse en acajou, une table en wengé, un set de table, une boîte d'allumettes. Une éclisse.

Il était clair que l'inspectrice avait déjà tout deviné. C'était d'une telle évidence que je me suis réveillé hébété. Drôlement embêté. J'avais tué. J'étais pincé, finis la rigolade, les bentos et les caramels au beurre salé. J'en fis part.

Passionnant, fut-il répondu par courrier électronique, continuez.

Dans ce quartier de la Madeleine, des rues se font la malle. Elles profitent du tohu-bohu pour partir en catimini. Voici la rue des Mathurins. Il y avait là un restaurant baptisé La Ferme des Mathurins. Une sorte de traquenard ficelé d'andouillettes, de tête de veau et de pommes à l'huile. On y mangeait de bon cœur en serrant la serviette autour du cou. Simenon y avait ses habitudes. J'y ai rencontré plusieurs fois un vieux critique gastronomique habituellement méprisé que l'opprobre rendait passionnant. Je ne disais rien. Comme à mon habitude. Et lui parlait de sa voix de feuille morte. Je le raccompagnais à sa voiture qu'il garait non loin de là dans un palace doté de vastes parkings souterrains. Peu après sa mort, un directeur me parla de lui. Il se souvint que notre gredin lui avait fait un tour de coquin. Il avait convaincu la direction (outre le parking à discrétion) que rien ne lui ferait plus plaisir que de déjeuner avec une drôlesse. La direction, qui en avait vu d'autres, trouva l'oiseau en question, le quartier n'en étant pas dépourvu. Et le mardi prévu, nos deux tourtereaux s'attablèrent autour de vins fins et de plats louangés par la suite. Rien ne fait plus plaisir à un directeur d'hôtel que de faire mieux que mieux. Dans les palaces, l'ennemi du meilleur, c'est le bien. Alors dans la coupelle de l'addition (bien entendu évaporée par magie) se trouvait la clé d'une chambre. Notre gaillard en garda un souvenir si vibrant que, le mardi suivant, un maître d'hôtel s'en vint auprès de sa direction et annonça avec fatalité :

— Ils sont revenus !

Le scénario devint immuable. Il est des traditions que l'on ne doit jamais contrarier.

29

Trop masculin, trop moustachu

Sacré quartier de la Madeleine ! On semble être cerné de toutes parts. On croit apercevoir la mer au loin, c'est faux. C'est la place de la Concorde et sa plage immense. Logiquement, auparavant, la rue Saint-Honoré vous aura piégé. Partout, les portes coulissent avec une douceur de garce. On oublie souvent que chez le chocolatier Jean-Paul Hévin, il y a une spécialité qui ne s'emporte pas, ni ne peut s'empaqueter. C'est l'escalier qui mène au premier étage. Il est pourtant assez visible dans la partie gauche de l'entrée, mais tout le monde file droit dans le buffet, vers les éclairs au chocolat (les meilleurs de Paris avec ceux de Carette ; attention, disponibles seulement en fin de semaine ; et le matin !). Au terme des marches, un salon de thé. Excusez la rengaine, mais voilà des lieux (comme les bars et restaurants d'hôtel) un peu oubliés, rangés dans un naguère oublieux, et pourtant, on peut y manger à sa faim dans une ambiance feutrée, d'un calme de séraphin. On se croirait dans le ventre d'une crème chantilly.

Il fallait donc impérieusement penser au prochain

rendez-vous. Déplacer très vite l'attention. Créer un mouvement. Qui sait, une spirale. Avant toute chose, je débutais une série de repérages.

L'un d'entre eux, précisément, m'entraîna, à un lancer de boulette de pain de là, au Carré des Feuillants. Serait-ce le lieu adéquat ? Humm, pas vraiment. Trop masculin. Trop moustachu. Les hommes se seraient retournés et, de leurs regards, auraient alourdi la soirée. Ici, c'est cocasse, la célébrité y a tournoyé. Alain Dutournier a eu du succès. Comme on attrape une maladie. Mais il s'en est remis. Il y avait bien entendu une cour pour cela, alimentant de son miel cauteleux un talent qui ne demandait qu'à s'épanouir. Mais le succès a toujours un cheminement singulier. C'est une drôle de chose, la célébrité. Vous savez trop bien combien elle est volage, capricieuse, s'arrête sur les têtes les plus improbables, s'attarde sur les saugrenus, désigne un insigne, consacre un crétin, glorifie une mauviette doublée de roublardise. Elle charge les plateaux de télévision comme on le ferait dans une mauvaise cafétéria. À la longue, on ne s'y fie plus. Et ce n'est pas plus mal. La gastronomie, elle aussi, est encombrée de ces gloires laborieuses, empoussiérées, surchargées de diplômes, épuisées à force d'avoir joué des coudes. Et puis, il y a les autres. Les éclipsés, les natures. Les guides ont voulu peut-être un jour les propulser, mais eux ont résisté inconsciemment. Ils ne voulaient pas de cet ordre agenouillé, préférant une insolence indolente à une obéissance labellisée. Ils voulaient garder cette étrange liberté, risquée, faire bon et bien pour les amis, moins bien de temps en temps pour les clients de passage. Ce sont les restaurants qui paradoxalement se font aimer. Parce qu'il y a quelqu'un dans l'assiette – pardi ! –, debout, heureux, vivant, gourmand. C'est un peu l'histoire d'Alain Dutournier.

Pourquoi l'histoire un beau jour consacra d'autres gloires aussi valables que lui (un Guy Savoy par exemple, un Le Squer, un Frédéric Anton, un Guy Martin...) et ne lui déposa jamais les trois étoiles qu'il aurait pu décrocher. C'était comme ça. Son restaurant rhabillé il y a quelque temps par l'artiste Alberto Bali appartient à ces ambassades glabres et habitées, un brin austère (pourquoi ?) avec en point d'honneur ce que les grands restaurants aiment louper : l'éclairage. Il donne ici aux clients des masques de cire, des cernes de plus, les dématérialisant (pour mieux réincarner leurs plats ?). Bah, le service passe comme une crème anticerne, vous regonfle le moral, avec notamment une sommellerie enthousiaste, virevoltante. La clientèle aussi manque un peu de lumières mais, au moins, il y a des bons vivants qui viennent becqueter. Des tables d'affaires comme on dit. C'est toujours drôle de voir ces hommes en gris se dissoudre lentement dans les grands bordeaux comme un cachet d'aspirine. Ils étaient hiératiques, admirablement, et puis lentement, le sang quitte leur brave cerveau pour rejoindre le bout du nez, les joues, les mains, les couverts. Ils rajeunissent, retrouvent des airs adolescents quand ce n'est pas poupins.

Et l'assiette là-dedans ? Bien. Des coquilles Saint-

Jacques en noir et blanc (le noir, c'est de la chair de Saint-Jacques à l'encre de seiche), une volaille roulée truffée impeccable (mais un brin barbante) et puis un plateau de fromages décidé, déluré, point trop encombré (l'alibi douteux des remplisseurs d'espace). Fameux ce repas ? Non, calme, plaisant, gourmand, loin des initiales gravées au fond de votre estomac par des chefs surjouant sans trêve. Il était là, d'ailleurs, Alain Dutournier, à la sortie, serrant les louches de ses clients. Avec sa bonne tête penchée, douce et apaisée, comme sa cuisine, un homme plus attiré par les corridas de Pampelune que les coups tordus, l'amitié plutôt que les relations, les copains plutôt que les coquins. Un homme bon.

Mais ce ne sera pas au Carré des Feuillants. Il faudrait autre chose.

Et commencer par me dégager de ces nuits trop lourdes. Trop encombrées. Qu'est-ce qui aura embarqué mon auto dans un platane vers 4 heures du matin ? Le vin de la veille (un beau syrah pourtant vinifié avec des idées claires) ? Nous allions trop vite sous la pluie. C'était clair. J'ai bien vu notre grosse automobile américaine quitter la chaussée, faire des embardées. Même pas eu le temps de crier. On se dit alors que l'on va clamecer. L'histoire de sa vie qui défile ? De la rigolade. Et puis il y a autre chose à faire que de passer des images au ralenti. Un cendrier qui atterrit sur la poire, des bras, des jambes, les coussins du fauteuil, pleins de poussière.

Écran blanc.

Aux innocents la bouche pleine

Combien de temps, cela a duré ? Trois minutes. Trente. Peut-être étais-je vraiment mort ? La question ne se posait plus. Écran blanc. Là, on ne se demande pas si c'est la couleur d'une chasuble, d'un kilt de séraphin, la contre-étiquette d'une auréole. Non. Écran blanc. Le cœur a dû s'arrêter. La tête enfin a cessé de penser. Puis, le jus est revenu.

28

Deux lolitas incandescentes

Faudrait-il l'emmener alors à l'hôtel Costes ? Cela pouvait être redoutable. L'arme à double tranchant. Vous, en train de girouetter, de faire le bathyscaphe avec votre périscope ; elle en train de jauger l'apprenti saucier aux manigances balourdes. Rien de plus dangereux que de plonger une beauté dans un vivier de murènes. J'y suis cependant retourné histoire de vérifier ce pressentiment. Nous étions trois remontés comme des coucous tyroliens sonnant toutes les minutes. Deux lolitas incandescentes et moi comme un oncle pervers, esquinté par la vie et sa carte bleue. La jolie table déglinguée. Il y avait de tout ce soir-là. Des divines et des ploucs. « Je n'ai même pas besoin de mettre de gros bras à l'entrée, s'amuse pourtant Jean-Louis Costes l'âme des lieux, les gens se sélectionnent d'eux-mêmes. » C'est vrai, il faut respirer à deux fois avant de grimper les trois petites marches. Ensuite, on pénètre dans le royaume de la pénombre, on a l'impression de porter des lunettes de soleil. Pourtant, ils sont nombreux à exhiber indolemment leur incognito. Il faudrait y marcher en espadrilles de corde comme sur un ponton de Sperone. Il y a peu, c'était ici l'hôtel de France et Choiseul. On imagine avec un délicieux effroi (et une douce marrade) ce que donnerait l'arrivée d'un car de tour-opérateur oublieux des changements et débarquant avec sa cohorte de touristes en tongues. Savez-vous quel était son surnom ? Le Petit Bristol. Car avec ses 120 chambres et surtout son patio intérieur, le France et Choiseul n'était plus guère vaillant, mais il avait du chien.

Aujourd'hui le Costes règne avec cette morgue si parisienne qui nous enchante et nous assèche. La mode y est assise sur les genoux du siècle. Pas de grands hôtels sans scénographie, le hall d'entrée long comme un examen de conscience, le couloir circulaire étroit comme un podium de défilé, les multiples tables reprenant l'écho de ce spectacle, chapeauté par l'accessoire le plus copié de Paris, les célèbres abat-jour rouges de Jacques Garcia (« le rouge est une couleur qui rectifie en bien les lieux difficiles »). Une beauté à vous couper le souffle enfonce quelques millimètres de l'aiguille de ses talons dans les tapis pourpres de la réception. Des personnes se retournent mais elles cherchent quelqu'un d'oublié, elles-mêmes. Elles attendent un reflet, une réponse. Elles croyaient avoir entendu des voix

— Vous disiez ?

— Rien.

On comprend que les nourritures ne mouftent pas. Déjà, elles morflent. On leur reproche ce que l'on est souvent. C'est-à-dire superficielles, hâtives, absentes. Ce qui est assez injuste car les haricots verts ont du croquant, les tartares de l'allant et la sole le stoïcisme que l'on attend d'elle. Mais la clientèle parisienne est ainsi, elle a besoin de fustiger, donner le fouet histoire de retrouver du carmin aux joues. Elle aime désosser, casser la tirelire pour compter ce qu'il y a dedans. Mais le plus fort chez les Costes, ce sont les serveurs et les serveuses. Là encore, on les maudit d'être ce que nous ne sommes pas toujours : jeunes, beaux, arrogants, superbes et contents d'être là. De parader habillés de près, tout juste vêtus de gants. Pourtant dans quelques années (bah un siècle, disons), on retrouvera ici même le retour en grâce d'une profession vouée à la beaufitude, aux petits gilets boudinés, à la mauvaise humeur arborée, aux cernes portés comme des armoiries. Les loufiats, les garçons de café étaient traités comme des chiens. Et nous le rendaient bien. Ça a changé. Le regretterait-on ?

Je ne me souviens plus de la fin de soirée. Précipitée sans doute. Pas de rêves la nuit. Ligne plate, rien sur l'écran. Pas plus mal.

En poursuivant ce dédale lancinant de la rue Saint-Honoré, on ne peut que tomber sur le magasin Colette. C'est un peu plus loin. Cet après-midi, chez Colette, il n'y a guère de monde. Partout des silhouettes, des looks, passant d'un niveau à l'autre. On se croirait dans un magazine de mode, mais il y manque les rédactrices, la mise en page, l'image arrêtée. On flotte. On se croirait sur un podium de défilé, mais personne ne vous regarde d'en bas. On s'imagine alors propulsé dans une publicité cravachée à l'hédonisme sadique. Mais aucun flash ne jaillit. Alors, les clients de Colette déambulent lentement, glissent sur le sol de peur de réveiller un monde. Par chance, un portable sonne. Une voix au lointain probablement interroge. La réponse ne tarde pas dans un aveu étiré comme une jouissance : « Je suis à Paris... Chez Colette !... Oui, Co-let-te... » Enfin, la vie revient par le miroir de l'oreille. On existe dans cette étrange atmosphère qui pourrait amplement se passer de vous puisque les vêtements, les CD, les stilettos vous snobent en un tour de reins. Mais Colette est généreuse, elle souhaite vous intégrer à son paradis de fine mouche, irréfutable (pas une erreur, pas une). Les enfants de Colette, malgré un narcissisme lourd (le regard buté de l'insatisfaction), ont du mal à rejoindre cette insouciance *dolce vita* tant la neurasthénie des enfants gâtés les mordille. Ils étaient venus acheter mais, en ce lundi ensoleillé, ils n'y arrivent pas. Quelque chose de sartrien sans doute : l'autre qui vous insupporte (son enfer : que pouah !), la mode cette curieuse fille dont on souhaite la compagnie, mais lointaine ; dont on craint le mimétisme. Les orphelins du désir sont inconsolables. En bas, dans le sous-sol, on peut s'enivrer d'eaux variées, de cocktails énergisants et de pâtes domptées.

Pourtant, à deux pas de là, il y a aussi bien avec moins de tristesse coloriée. Combien il y en a de ces petites planques à Paris ? Une centaine, peut-être plus. On ne saura jamais. Ce n'est pas plus mal. Et du reste, on en vient à se féliciter de tous ces restaurants nouveaux qui accaparent l'attention, font jouer leur brushing, leur spray de balsamique, leurs larmes de gingembre pour capter la horde. Le monde a besoin de Mont-Saint-Michel qui capte les caméscopes et les autocars. Seulement, on peut préférer le visiter vers 6 heures du matin, dans les brumes fraîches, lorsque la cité s'éveille à peine. Puis fuir bien évidemment. Pas de mépris, juste du bon sens. Nous voilà ce soir, rue du Mont-Thabor, au Ferdi, petite enclave tranquille que je vous livre presque à regret car elle a ses fragilités, son entre-soi. Donc, *please*, n'y allez pas pour un pot d'adieu faire la chenille. Bien entendu, on peut commander une entrée, un plat et un dessert. Personne ne s'en offusquera, tout simplement parce que, ici, les appétits sont volages, capricieux. Des tablées s'embarquent dans des pique-niques anarchiques, d'autres aiment bien ranger. À la petite nôtre, blottie contre le bar, nous avons préféré la canonnade qui rend les couverts un peu fous : rouleaux mexicains avec guacamole, *empanadas* (petits chaussons de viande), petites fèves au jambon jabugo, *ceviche* (poissons crus marinés au citron vert), crème brûlée, café glacé. C'est tellement agréable de butiner. On s'aperçoit alors que l'appétit est un muscle tout simple, un brin fêlé. Alors que vous étiez en train de dégustez les finesses du ceviche, vos doigts sont partis vers les petits rouleaux mexicains. On devrait écouter beaucoup plus souvent son appétit. Surtout lorsqu'il vous demande de ne plus manger, on réalise alors que l'on mange bien trop ! Bien évidemment, à ce genre de table, il faut des esprits en rondeurs prêts à entendre tout et n'importe quoi. Ne jamais contrarier : cinq ceviche et un café ? Mais bien sûr. Un demirouleau pour huit jeunes filles ? Bien sûr. Ici, on est un peu dans un petit dispensaire avec des infirmières pleines de mansuétude. Le patron ronronne autour tel un bourdon bienheureux.

Proche encore, rue des Capucines, le Petit Vendôme. Lorsque des Étrangers (plus ça va, plus ce mot devient croquignolet) viennent à Paris et qu'au bout de quelques adresses réputées, ils font cette petite moue exaspérante des déçus, il faut très vite réagir. Dans ces cas-là, il n'y a plus qu'à les placer sous la tente à oxygène. C'est ici. Dans un capharnaüm à la Dubout, on y canarde du civet de porc au bergerac, du steak frites et surtout les meilleurs sandwiches de Paris taillés dans des baguettes Julien. C'est impressionnant de gouaille, de grands gaillards en Smalto, parlant la bouche pleine, de titis et de mordus. Quand on revient d'un long voyage, c'est souvent le meilleur remède à la nostalgie.

27

Cette cuisine avait du clairon, du camembert et du coffre

Les Halles ne sont pas loin en fait. Raturées de la carte et comment. Au fin fond du trou. Il y a bien quelques clandés où se sont retranchés les résistants et leurs plats. Il existe de fameux grognards comme Gérard Besson, dans son antre maquillé en simili-bourgeois. Ils sont impayables. Faussement mécontents, toujours sur le pont, le sabre au clair, le bec plein de scrogneugneu. Sans eux, la gastronomie française serait un océan tiède. On y trouverait que des cocktails de crevettes. Alors que la jeune garde arrive en douceur, ils sont là, escaladant sans fin leur motte de beurre d'Échiré pour y planter le drapeau tricolore. Ils sont fiers, kitsch, toujours émouvants. Parfois on rigole de leurs cartes en lettres anglaises, de leurs petits pois écossés, de leurs diplômes parcheminés. Que voulez-vous, ils appartiennent à un temps où la cuisine avait du clairon, du camembert et du coffre. Maintenant que les hussards aèrent la gastronomie, il faudrait rendre un hommage à ceux qui nous enthousiasment par leur candeur cocardière, leur foi sans faille. C'est de la cuisine debout dans ses bottes, moustachue et gaillarde. Il faudrait songer parfois à desserrer sa ceinture, à rejoindre Gérard Besson, le regarder lisser son auguste crâne. À l'encontre des modes, loin des autres, c'est un maussade qu'un rien fait sourire. Il n'est jamais content (du moins il en donne l'air), mais on le soupçonne de jubiler de l'adversité, de ferrailler avec la mollesse ambiante. Sa cuisine a besoin d'appuis, de réaction pour se centrer. Avec les gibiers, il est dans son assiette : lièvre cuisiné façon « Royale », perdreau gris de Beauce cuit à la goutte de sang, damier de chevreuil et foie gras de canard. Une gastronomie fière et sentimentale.

C'est ici même qu'un SMS se mit à chantonner dans ma veste. Dans une semaine, si elle pouvait décommander un déjeuner, c'était bon. D'autres auraient lu un message d'une clarté biblique. Pour ma part, lorsqu'un sentiment est en train de naître, il faut tout lui accorder. Oublier l'amour-propre. Et guetter. Cette leçon, je la tiens d'un as qui était directeur de salle dans une belle institution parisienne. Les directeurs de salle à la retraite, c'est comme une vieille collection de *Paris Match* que l'on retrouve dans un grenier. C'est une lampe d'Aladin. Tout s'éclaire avec douceur dans l'odeur de papier. Nous déjeunions dans un modeste et valeureux restaurant du quartier Saint-Paul (autant être franc, une table gentiment minable). Et il me racontait avec beaucoup de respect et d'émotion ces années de gloire. Bien entendu, j'eus droit aux coulisses (les poires en boîte, les raccourcis culinaires, les précuissons, les fausses courbettes, les tapeurs de pourboire) mais sans acrimonie ni souci de vengeance. La vie des grandes institutions ressemble aux nôtres, il y a des moments de mou, des indulgences coupables, des bifurcations. Ses récits témoignaient en tout cas d'un coup d'œil redoutable. Il avait l'iris brillant, signe probable d'une vie sentimentale menée tambour battant. Chose dont il discutait non sans déplaisir. Il avait du charme, un peu vintage avec ses Ray Ban mordorées, mais la pulpe avait de la tonicité.

— Tenez, regardez là...

Il y avait un banal vaisselier surmonté d'une étagère dépareillée, l'inévitable reproduction d'un tableau de Toffoli et le mur. Et accoudé au vaisselier, un charmant Brésilien, beau comme un joueur de football sur la plage, la *saudade* sensuelle, la langueur offerte.

— Eh bien ! fit-il en retournant son pouce vers le sternum.

— Eh bien ?

— Eh...

Notre homme eut un sourire radieux, il aurait pu mourir ainsi au summum de son plaisir. Par chance, il eut le bon goût de ne point le faire et avant de passer dans un trépas que je lui souhaite le plus tardif, il me donna la recette.

— Bon, regardez-moi, physiquement je ne suis pas un dieu grec. Mais j'ai de la conversation, j'aime rire et voyager et surtout j'ai toujours respecté trois règles primordiales...

— Je vous en prie.

— Respect, tendresse et... patience.

Je ne me souviens pas du rêve de la nuit suivante. Sauf d'un plat extra, que le fil de l'histoire m'attribuait. J'ai failli me réveiller pour le noter. Puis je me suis rendormi. Le matin, le plat était quasiment sur mes genoux. Il était question de taglioni au gingembre servis avec un vin blanc exceptionnel. C'était sans doute celui que j'avais bu la veille, un chardonnay de Vénétie.

Le rendez-vous ne fut pas annulé ce jour-là. Seulement reporté à un autre jour. Patience.

Il fallait trouver un lieu assez chic mais sans lourdeur, léger, plaisant mais pas marqué. J'aurais dû réserver ailleurs, au bar de l'hôtel de Vendôme. Vraie planque en acajou que la plupart des guides oublient. Et pour cause, même l'hôtel ne sait plus quoi en faire de ce restaurant. Il fut placé au rez-de-chaussée dans l'endroit le plus en vue de Paris, face à Guerlain et Costes. Les propriétaires réalisèrent qu'il était tout de même sot d'y vendre des salades de gambas. Furent-elles au curcuma. Plutôt qu'à des pommes de terre de Noirmoutier, ils cédèrent la place à un joaillier et le restaurant a migré au premier étage. Paix royale, éclairage doux, tables espacées, plats oubliables du style salade de lardons et œuf meurette servi dans un verre à cidre espagnol.

26

On disait ? Je ne sais plus

Ce fut en fait rue Cambon, à l'hôtel Astor. Il était convenu de se retrouver au bar. Rien de tel que de déjeuner dans ces points névralgiques. L'hôtel est au-dessus avec sa charge émotionnelle, son indissociable dimension horizontale, sa part de rêve nocturne, son sac de névroses. Mais surtout les directions ont vite pigé que s'il fallait bichonner le restaurant et l'engoncer pour satisfaire la gastronomie, ajouter des ampoules aux lustres, des dents aux fourchettes, en revanche, il ne fallait jamais sous estimer les autres « points de vente » (comme ils disent) comme les salons de thé, bars et autres secondes zones.

— On disait ?

— Je ne sais plus...

L'heure avait filé vite. C'est l'inconvénient des déjeuners au bar. Si l'on veut étirer le temps, il ne faut pas compter sur les plats. Ici, on n'est pas au restaurant avec ses rythmes d'escargot. Le temps est accéléré. Le serveur parle comme ses plats. De façon snackée. Le café est déjà là, avec l'addition. Voilà pourquoi nous nous sommes retrouvés sur le trottoir avec les usages rituels des au revoir. Les mots souvent manquent. Un bus passe. On ne s'entend pas. Une moto s'ébroue, secoue l'air, fait claquer sa béquille. Les yeux s'engouffrent dans le saugrenu. Il faut alors vite partir, organiser la suspension, ne pas trop froisser le papier de soie.

Par un facétieux mimétisme, les plats eux aussi se planquent. Ils ne font que nous suivre. Ils deviennent même virtuels (comme le lard de Marc Veyrat, à Veyrier-du-Lac), allusifs (les mousses), volatils (les émulsions), maquillés (le *Panierschnitzel*), tronqués (les tronçons de sole), boulés (les volailles en roulade)... ou alors faisons-nous comme eux en nous roulant, maquillant, planquant dans des havres de paix ?

Ça tombe bien, le chemin du retour passait devant Kinugawa, rue du Mont-Thabor. Le rideau d'entrée est déjà comme une caresse. Bien souvent dans ce restaurant de Kyoto... Ah oui, Kyoto, cela veut dire plus tendre, plus accorte. C'est là-bas que l'on peut entendre la plus douce des prononciations. Merci se dit *okini* alors qu'à Tokyo c'est *arigato*. Sans doute cette harmonie ambiante, obsédante même, la joliesse des mouvements (glisser les parois coulissantes avec la paume et le pouce), les expressions désarmantes *Otamamoshi* (« Cela me ferait si plaisir ») et même un éternuement arrive à vous troubler (un « tchi » de souris).

On grimpe vite fait au premier étage où se masse une clientèle de haute volée alors qu'au rez-de-chaussée (ce niveau n'existe pas au Japon, on dit 1) on se tient en retrait du comptoir. Rien de tel pour être au plus près des produits. On sait tout de suite ce qu'il y a de bon, de moins bon. Il y a au Kinugawa, outre les poissons crus, une excellente salade de bœuf au gingembre.

Il existe plus petit, moins mondain et plus brut de décoffrage, voici, presque avec un léger pincement, une adresse de qualité, ignorée de beaucoup. Il s'agit de Korin, rue Sainte-Anne. C'est toujours plein. Lors de ma dernière visite, j'ai pu goûter d'autant mieux cet antre de poche que pendant la plus grande partie du repas je n'ai pas mangé. J'attendais. Lorsqu'on attend, tout prend un autre contour. C'est l'écoute, les sens en éveil. Le moindre bruit, un seul taxi s'arrêtant, une entrée brusque, la sonnerie du téléphone. Par moments, cela en devient presque vertigineux. On entre dans son oreille, on sent le globe de ses yeux glisser. Même la bouche essaie des sons. Elle bouge imperceptiblement, se vide, se gorge de sang, se pince, se mord, s'assèche, se meut, se referme. J'ai pu apprécier combien cette adresse était désirée : l'arrivée des clients n'ayant pas réservé offre une expression des plus poussées de la désolation et de la frustration. Il pleuvait ce jour-là de ces pluies parisiennes bien trempées et serrées. Ce qui nous valait l'apparition de pietà éplorées, de caïds délavés, de petits poussins tout collés, de perruches contrariées, de coqs au rabais, de mouillés avec de grands yeux suppliciés.

Dans cette arche de Noé dévidée, pas une seule personne qui m'intéressait. Le patron était là, gentil malgré les deux emplacements que je lui gelais. Mais bon... il avait devant lui un garçon esseulé, veuf, désossé par l'attente, faussement indifférent mais vrillé dans l'expectative.

Le chef s'activait, tranchant avec précision tout en menant la conversation. Au comptoir, des aficionados au visage rafraîchi par les ondées. Des belles aux cheveux aplatis mais délivrant une autre image. Celle-là même qui me manquait. Comment aurais-je pu la décrire tant elle était absente. Elle aussi avait ce visage de madone. Toscane probablement au visage arrondi, aux yeux d'amande, à la bouche élégante mais sensuelle, au nez parisien (fin et présent) mais ce qui m'échappait régulièrement lorsque je tentais d'arrêter un trait, c'était cette animation, cette vie qui bousculait ce cheminement des traits, cette pulpe vive, cet esprit actif d'une mobilité déroutante. Pour tout dire, sa bonne humeur.

Mais elle ne vint pas.

Était totalement passée à côté de la plaque tant elle était accaparée par son nouveau job.

Telle était la teneur du message.

Bah, le patron comprit mon infortune et tailla dans la minute un divin plateau de sushis, et versa un thé vert chaud à souhait. À mes côtés, la chaise haute vide prit des allures de trône.

25

Mon voisin faillit s'étouffer

Après un autre déjeuner au Korin, une amie singulière m'embarqua dans un dédale de passages. C'était épatant, comme si l'on traversait le miroir. À deux doigts près nous étions dans un autre siècle. Celui du passage des Bérézinas, de Louis-Ferdinand Céline (en fait le passage de Choiseul). Cette incantation magique, cette verve bousculant tout avec une énergie phénoménale : « Au passage des Bérézinas, tout le monde se connaissait de boutique en boutique, comme dans une véritable petite province, depuis des années coincée entre deux rues de Paris, c'est-à-dire qu'on s'y épiait, et s'y calomniait humainement jusqu'au délire » (*Voyage au bout de la nuit*, Denoël 1932).

Aujourd'hui, dans le coin, il y a toujours la maison Stern. On y fabrique et imprime les plus délicieux papiers à lettres de la capitale. Cette maison est hors du temps. Lorsque l'on pousse la porte, une petite sonnette tinte. Une dame prend son temps pour arriver, et vous salue comme autrefois. C'est Mme Stern. De nombreuses années, je passais devant la vitrine pour regarder non seulement les admirables cartes gravées, les papiers monogrammés, la doublure des enveloppes. Mais il y avait aussi une vendeuse dont la taille me fascinait. Elle était grande. Je la connaissais de la rue Saint-Honoré où elle officiait aussi dans une maison de renom, Cassegrain.

« Il faut avouer que le Passage, c'est pas croyable comme croupissure. C'est fait pour qu'on crève, lentement mais à coup sûr, entre l'urine des petits clebs, la crotte, les glaviots, le gaz qui fuit. C'est plus infect qu'un dedans de prison. Sous le vitrail, en bas, le soleil arrive si moche qu'on l'éclipse avec une bougie » (*Mort à crédit*, Denoël 1936).

Au débouché du passage de Choiseul se trouvait un restaurant formidable qui enchantait les amateurs de bonne franquette et de franchouillardise réconfortante. C'est ce que je pensais avant d'y retourner un jour tester le steak frites. Le steak frites appartient véritablement aux mythologies de la gastronomie française. Pour lui, on sauterait debout sur la table, on entonnerait des hymnes de tous poils. Mais une fois redescendu du plateau de bois, le gosier déplissé, force est de constater que notre brave steak a un drôle de coup dans l'aile. Il erre tout seul, parlant comme un vieux monsieur neurasthénique, ressassant ses souvenirs tricolores. Ben oui, mon pauvre monsieur, le steak, à part quelques ambassades sentimentales (Paul Bert, Voltaire...), n'est plus ce qu'il était.

Lorsque vous entrez au Gavroche vous tombez dans Moustacheland, avec de sérieuses escouades de Gaulois attablés les cuisses écartées. Coupures de presse, diplômes en lettres anglaises, jambons à sécher, double magnums alignés comme à Carnac. Autant dire que vous vous signez lorsque vous avisez les ardoises et les cartes. Ça bourdonne de félicité, on a le tutoiement glorieux, l'allégresse tricolore. Ça va être drôlement bon, pas vrai ? Lorsque l'assiette arrive du fond de la salle, on a presque envie de taper des couverts sur la table avec des onomatopées de félicité. On a beau actionner les couteaux aiguisés de la direction, rien, que dalle. La viande ne veut pas céder. Comme s'il y avait une ultime fierté de dire non, pas kess. Un plat de résistance, quoi. Ce steak immangé fut desservi sans interrogation de la part du serveur. Les frites étaient du même métal. Elles aussi faisaient plutôt dans le genre râleuses, comme si elles en avaient marre d'être baignées dans des huiles lasses, marre de faire les blondes, les croquantes. Alors, elles renoncent un peu écœurées, disent adieu sans même un goût de patate. Réservation boiteuse, et le bagout interchangeable des serveurs profitant de l'euphorie franchouillarde pour annoncer que les légumes du rosbif étaient « frais ». Mon voisin qui découvrait les frissons de l'enquête gastronomique faillit s'étouffer en voyant le fatras calibré qui lui fut servi. Il eut un moment d'admirable indignation et je l'ai entendu, alors que le sujet est du style stoïque, dire entre ses dents : « menteurs ! ». Une sorte de révolte enfantine, de ces cris du cœur qui oppressent la poitrine. Il fallut lui rappeler les règles élémentaires de la critique, ne jamais moufter, avaler le rata et dire à la marquise que tout va bien.

J'aurais dû aller au restaurant du Palais-Royal. Non point le Grand Véfour, mais le Petit Véfour. Le Grand Véfour pour être franc ne m'attire plus. Le fait de témoigner ma déception m'a valu trop de souci et les incantations maléfiques d'un chef que l'on dit charmant, Guy Martin. Mais aller au restaurant en sentant le chaudron d'huile brûlante au-dessus de la tête, une houle de javelots se planter dans le dos, cela ne m'amuse pas. Le chef m'avait même, tout en grattant le sol de ses mocassins, promis un malheur dans ma famille, ce qui ne se fait pas sous nos tropiques – tant mes papiers l'incommodaient.

Je ne retournerai donc pas au Grand Véfour, d'autant qu'on y mange plus ou moins bien. Ce qui est acceptable pour un restaurant moyen l'est moins pour un restaurant triplement étoilé facturant à prix démentiel des assiettes banales.

Autant aller pour dix fois moins cher dans ce qu'on appelait jadis le Petit Véfour, la sole meunière est glorieuse, les vins finement choisis et l'ensemble de la cuisine est vaillante. D'ailleurs, il suffit de voir le patron pour comprendre de quel bois se chauffe la maison. Il s'appelle Bruno Hess et contient sous sa bonne bouille ce que l'on appelle un caractère. Grosso modo, il ne faut pas trop aller le chatouiller. Demandez aux autorités douanières de New York. Sans doute agacé par quelques remarques tatillonnes sur la rédaction de sa carte de débarquement, notre chef bouillonnant, fatigué par le voyage, manifesta un certain agacement. Ce qui contraria les gendarmes locaux qui lui demandèrent alors de rejoindre un local reculé. Quelle idée n'avaient-ils pas eue là ! Notre frenchie lorsqu'il vit approcher quelques molosses écussonnés entonna presque le chant des partisans et fit comprendre qu'on ne le toucherait pas. Il semble qu'on laissa en paix notre Jeanne d'Arc qui médita sur sa virginité dans le vol suivant pour Paris. L'Amérique l'attendait, elle patientera.

Le printemps arrive mais les hirondelles disparaissent.

24

Nymphomanes neurasthéniques et défenestrés de l'intérieur

Du coup, à la recherche de cet endroit idoine, je me suis mis à arpenter Paris. Y glisser plus précisément sur des pneumatiques. Deux. Ça fait un vélo. À part quelques pentes têtues et des boulevards assassins, c'est un vrai plaisir. La température parisienne est une des plus clémentes du globe pour ce genre d'exercice. Il suffit d'appuyer gentiment sur les pédales et l'un des plus beaux travellings au monde se déclenche. Voici les Champs-Élysées, c'est bien l'endroit le plus déroutant de Paris, la partition va dans tous les sens. Régulièrement, des âmes charitables entonnent l'étrange couplet des Champs ressuscités. Bernique. L'endroit est englué, vacille comme bien des grands axes dans le monde : le Ku'Dam à Berlin, le Bund à Shanghai, la Cinquième Avenue. Il serait vain de faire mouliner la manivelle de la nostalgie, il n'y a plus grand-chose à gratter (Guerlain, la Maison du Danemark, le Traveller...) mais bon sang que la partition est morose, sans espoir.

Excessif ? Vous plaisantez. On pourrait être plus cruel : sous-lolita boulotte, quart de Belmondo sans le

New York Herald Tribune, semi-mac en Ray Ban rayées, mateurs peroxydés, graines de voyou i-podées jusqu'aux genoux, scélérats en panne de forfait, hommes de sécurité se retournant sur des pimbêches au rabais, exilés d'eux-mêmes, défenestrés de l'intérieur, engoncés, cortèges de joues aux sorties des fast-foods, salariés en transit, vitreux regardant des vitrines, atones en somnambulisme, nymphomanes neurasthéniques ne remarquant même pas quelques dragueurs au compas sans pointe. C'est franchement misérable pour quelques rayons de soleil épars : le regard des femmes musulmanes jaillissant de leur meurtrière, quelques vulgarités asséchantes, des incognitos intrigantes, des petits chats jap, une figure de style, un vrai mac en bicolore... Mais arrivé en haut (en bas), lorsqu'on relève les filets, la pêche est si maigre.

Pour le moment, le livre n'avançait pas. Ou plutôt, il était parti tout seul. À mon insu, il bâtissait les chapitres avec la simplicité des idées claires. Dans deux mois, il serait tout prêt. Je n'en aurais même pas été averti. Un beau matin, il m'aurait pris la main, ouvert la machine, dessillé la nuit, éclairci le thé. Il aurait même songé à numéroter les chapitres (cinq), changé les prénoms. L'écriture avance à son insu. Lorsque l'écriture est là (faut-il qu'elle le soit), elle fait le ménage, aspire, s'inspire. Même pas besoin d'actionner la machinerie. Ni même de penser (« Ne pensez pas », Nietzsche).

Il y aurait déjà un week-end seul. Tout seul, comme si la solitude n'était pas explicite. Nu. Tout nu. Rien de plus révélateur. On revient parfois fracassé, on dit alors qu'on s'est reposé ne trouvant pas le mot juste. Mais c'est en vrac qu'on s'assied le lundi matin sur une chaise impavide. Par chance, les hôtels sont bien faits. Il y a toujours des gens seuls. Parfois ils se rencontrent. Dans cet hôtel d'Antibes, un homme riche comme un puits s'y rendit étrangement seul. Lui qui devait être constamment suivi et précédé se posta devant le large buffet. L'abondance était son seul vis-à-vis lorsque le directeur s'en vint à passer. Il portait un nom épatant qu'on devrait prendre parfois comme pseudonyme : M. Hirondelle. Ils devisèrent. Une autre tablée vaquait également à son silence. Le directeur estima alors qu'il pouvait se permettre de faire les présentations, de croiser les solitudes qui s'attablèrent. Et ne se quittèrent plus. C'était l'Aly Khan et Rita Hayworth.

Pour le moment, l'heure du dîner avançait. Elle était même étrangement avancée. De ma faute. Tellement horreur d'attendre. Rien ne vaut pourtant les journées arythmiques. Déjeuner lorsque les restaurants sont vides, les clients repartis. Boire son café lorsque les salles sont désertées, le personnel tout à vous, les journaux lisses, le sol impeccable, les lumières fraîches. Travailler si tôt que la nuit n'a même pas eu le temps de repartir. Se lever avant le soleil, l'attendre, l'accueillir. Lui faire fête et récupérer une journée libre, disponible. Que ferons-nous ce matin ? Un bain, l'achat d'une paire de lunettes de soleil ? Plutôt cet après-midi. Quérir un être cher. Vivre comme un rentier. Faire l'Aurélien. Adresser des mots. S'asseoir. Marcher à pas lents. Flâner à bicyclette. Laisser les roues vous diriger, après tout le livre le fait bien de son côté. Où en est-il ?

Avec la candidate du week-end numéro 2, nous devions souper, nous dînerons car demain matin, elle va à l'école.

Ce soir à 20 h 30, cet établissement d'un VIIIe civilisé est vide. Les premiers clients vont lentement arriver. Au Calvados, c'est un vrai bonheur de voir éclore ces roses de nuit. Les gens de la nuit sont des personnes sensibles. Ils vivent sous cette adrénaline qu'un rien échauffe : l'exaspération. Une amie trop peu bavarde, une Ferrari qui démarre mal, une musique trop distraite. Les cendriers volent vite... La vie, sachez-le, devient alors impérieuse, elle doit s'engouffrer, empoigner, éventrer. On attend d'elle des caprices. Les yeux portent des regards, on y lit à livre ouvert. Aussi, le personnel essentiellement féminin partage cette même acuité ; jeunes femmes posées, sur le qui-vive, ne distrayant pas exagérément le regard (elles sont sagement habillées de noir maton). Les nourritures partagent cette même nature inquiète qui les pousse dans toutes les pliures de la mode. Cette dernière se voudrait asiatisante, allégée, épicée et paradoxale. Devraient-elles ramper sous la moquette, qu'elles le feraient (chips, émincés, feuille de salade). Cela dit, elles ne sont quand même pas prêtes à jouer les cruches. Ni les potiches. Les produits sont posés comme sur des tabourets de bar et croisant les jambes : soupe de potiron honnête, tempura de homard un peu grassouillette et trop replète, black code caramélisé avec des bijoux trop voyants (citron vert en breloque, gingembre en pendentifs). Dessert gentiment scélérat avec la paille sur un milk-shake (jolis mouvements de nuques à la table voisine se penchant sur le petit verre comme s'il s'agissait de poudre).

De quoi avons-nous parlé ? Du décor et de ses somptueux noirs rehaussés par un plafond à l'antique. On se croirait versé dans les années gainsbouriennes (ex-Jules Verne de Slavik, Montparnasse 25), cette occultation du jour de façon délurée, c'est très euphorisant. Elle voulait surtout parler de son fiancé, fortuné à perdre la tête. Déjà immature, sans âge (dix-neuf), le sien.

L'écouter me permettait de mieux la regarder. Lorsqu'on parle, les yeux paraissent cousus sur le visage, comme ceux d'un ours en peluche. Ils regardent mais ils ne font que vérifier la justesse du mot. Écouter, c'est aussi ne pas le faire, partir en rêverie, aller dans ses mots à elle, se demander d'où elle les sort, comment elle les range, les rameute. Elle parla de ses soirées. Et pourquoi pas un week-end ? J'aurais dû, je ne lui ai pas proposé. Comme s'il y avait de la gravité à entraîner une personne dans ce genre de montage. Il y en a. Mais au bout du compte, à faire les inquiets, les littéraires, il n'y a personne dans ma nacelle.

23

L'admirable vulgarité du Fouquet's

J'aurais dû m'inspirer de tables plus effrontées. Rester dans le quartier en fait. Les tables finalement ne font que refléter le lieu où elles se posent. Ce n'est pas si compliqué. Le pompon bien entendu revient au Fouquet's, maintenant iconisé pour une bonne décade. Le Fouquet's aurait pu entrer dans une belle décadence, assumer son âge, et sa nature. Devenir un vieux restaurant. Mais non, il a fallu qu'il revienne dans un siècle qui ne voulait semble-t-il pas de lui. Il allait devenir ancien à la grande frayeur de ses propriétaires, assez maladroits dans ce genre d'exercice (la restauration). Jusqu'à son jour de gloire. D'un baiser sur la bouche, Nicolas Sarkozy a ressuscité la morte momifiée. C'est sans doute l'un des derniers miracles de la gastronomie qui doit faire rêver plus d'un moribond : la Tour d'Argent, le Train Bleu, Maxim's... Les débuts de la nouvelle formule furent catastrophiques. Ce genre de restaurants montés à l'adrénaline et au talc partent en de violentes embardées qui esbaudissent le quidam mais s'affalent ensuite, les genoux en mikado. Et alors ? À part les

Saint-Jacques très réussies (sauce mangue, cuisson, fraîcheur : épatantes), la soirée fut un véritable patatras. La climatisation était déréglée, on gelait littéralement et le sommelier ne crut pas à la plaisanterie lorsqu'on lui demanda un vin chaud. En revanche, lorsqu'on rechercha un joli vin « pas trop dispendieux », il nous fut proposé un volnay 2001 à 165 euros, ce qui avait au moins le mérite de chauffer les oreilles. Pour sa défense, le sommelier gère une carte calamiteuse avec des coefficients multiplicateurs ahurissants (jusqu'à 6 ou 7, alors qu'à 3 c'est déjà canon). Après des mises en bouche laborieuses, on a cru un instant que la table avait de l'envergure. Elle en a. Mais façon Fouquet's, un luxe un peu vulgaire et un tantinet burlesque comme cette énigmatique côte de cochon cul noir (135 euros pour deux) accompagnée de... caviar. L'idée semble insolente (donner des prunes à des cochons) mais en bouche, c'est un nonsens consternant : le caviar glacé vient perforer frontalement une viande superbe dans sa rusticité, et scier vicieusement le câble d'un ascenseur qui menait notre porc au firmament de sa vocation bucolique. Dans cet élégant chaos, le service cherche encore ses marques et supporte avec une abnégation digne d'éloges un costume grotesque de dompteur de tigres. Aux dernières nouvelles, le tir allait être rectifié et leur dignité retrouvée à l'instar du lustre central manquant, ou encore, qui sait, les petites feuilles dorées des lampadaires dont une chuta au moment de la présentation du gong de l'addition : 344 euros. Ce restaurant a au moins de l'esprit.

Le quartier est ainsi. Il faut tout de suite s'en amuser sinon, le cœur se serre, rien ne vous fait plus rire. Vous ressemblez à ces pincés qui avancent la navre au nez, cet aplomb effrayé qui les rend aussi désolants que ceux qu'ils méprisent. Les Champs sont tellement perdus dans leur shopping qu'ils en oublient d'exister. Ils ont goûté au simulacre, et ils ont un mal de chien à s'en extirper. Le Fouquet's, empêtré de sa vulgarité certes, mais le restaurant de Johnny Hallyday, le Rue Balzac, n'est pas mal non plus. Dans l'art de faire remonter les vieux os à la surface du jardin. Après Enrico Macias, Mireille Mathieu, Gilbert Montagné, on verrait bien – dans cette logique – le retour de l'opulente Maïté dégageant d'un coup de coude distrait le délicieux Cyril Lignac ou encore Jean-Pierre Coffe, rouvrant, dans un rugissement d'ogre, sa Ciboulette sur le parvis de Beaubourg. Après tout, ils se sont sacrifiés, ont enduré l'exil bruxellois, la mise en demeure à Gstaad, les vacheries des émissions satiriques.

Ce vendredi soir, la salle était au quart remplie de gens sympathiques mais sur ce qui-vive que nous connaissons bien : et si Johnny s'en venait à passer ? Avec madame. Et Jade. Et des amis... Pas vrai ? Mais, ce soir, Johnny ne viendra pas. Tout comme, du reste, Depardieu n'apparaîtra pas dans son restaurant de la place Gaillon. Alain Ducasse au Plaza, Joël Robuchon à la Table de Joël Robuchon, Michel Troisgros au Lancaster ; Hiramatsu au Hiramatsu, Gordon Ramsay au Trianon Palace. Pas plus que de personnages dans mon livre. Pas même de figurants. La liste est longue.

Des guides les frictionnent chaque année. Il y a ainsi chaque soir des esseulés qui attendent, attendent et, pour passer le temps, mangent les plats dédicacés fort heureusement aux stars méritantes. C'est au Balzac que je reçus un SMS plein d'espoir. Ça tombait bien, l'assiette était aléatoire. Tout dépendait. Les langoustines « croustillantes » dédiées à Laetitia se révélaient poussives et atones, sortes de beignets patauds sauvant in extremis leur vie sur terre avec des sauces relevées. Johnny avait plus de chance car ses « pâtes fines aux olives vertes » étaient joliment tournées et agréablement parfumées. La salle était gentiment déserte, ce qui sans doute contraria notre serveuse. Elle tenait notre table avec une certaine fermeté, comme si l'absence de public lui était désobligeant. Il fallait donc remplir le vide. Faire du service, de la direction, du sens. En fait, comme le maigre public, elle aurait voulu passer sa soirée ailleurs.

Elle m'envoya un SMS qui faisait part de la rencontre d'un ami commun. Il me saluait. Le champ était trop beau. Il fallait tout de suite monter un échafaudage. On penserait ensuite à la construction. En une rafale de messages, j'arrivai à ce qui aurait dû me prendre des mois de treuillage : un dîner à quatre fut programmé à la maison. La date allait arriver vite. C'est curieux mais, soudainement, tout semble plus clair. Des pans entiers d'une vie probable et future se dressent. Des fils vous attachent. D'où viennent-ils ? Il y a là un toupet qui vous laisse sans voix.

L'hôtel Daniel, rue Frédéric-Bastiat, est l'adresse que je confie à mes amis qui souhaitent prolonger un bail amoureux. Personne ne connaît cette adresse, même les chauffeurs des taxis tombent des nues. L'un d'eux m'affirma d'emblée :

— Ça n'existe pas !

Vous pouvez imaginer des étrangers sortant les consonnes et les voyelles dans tous les sens

— Cat woue Trekekrick-Ballstadt ?

Ils terminent illico dans un hôpital psychiatrique avec un contrôle d'ADN pour attentat sur phonème.

On évitera ainsi de l'utiliser ce petit palace de poche un soir de Valentin. C'est le miroir halluciné de la ville où tous les restaurants fonctionnent à l'enfermement du tête-à-tête. Aller au restaurant ce soir-là est sans doute l'un des pires lieux communs. D'ailleurs, cela ne vous ressemble pas. De plus, vous le savez, tout va être complet et délivrer ses clins d'œil charbonneux : les bouteilles de saint-amour, le poisson au gingembre, les amourettes de veau, la brouette tonkinoise du berger... Les abat-jour Garcia en rouge baiser : on se demande comment un restaurateur illuminé ne les a pas encore utilisés comme chéchias pour ses serveurs... Faire quelque chose en cette soirée, c'est faire autre chose, éviter par pitié de rejoindre les colonnes de menottés. On peut trouver mieux. Sortez encadré de deux créatures (garçon ou fille), seul mais lumineux, tonitruant de plaisir égoïste ou alors prenez la tangente, faites la tête (cela fait un bien fou parfois ; on creuse, on comprend ce que l'on ne veut plus). Planquez-vous dans une chambre d'hôtel (l'irrésistible volupté du room-service), sur une banquette arrière d'automobile, un confessionnal de l'église Saint-Sulpice, la terrasse d'Orly-Sud, un routier en Suisse alémanique, un cargo en partance pour Saint-Louis, l'intérieur d'un grand pardessus.

22

Michiko et les trois montagnes

Michiko, c'est le nom de la femme d'un cuisinier que j'ai toujours vraiment aimé, Tateru Yoshino, du Stella Maris, rue Arsène-Houssaye. Pourquoi ? Sans doute parce que sa cuisine est très bonne, qu'il parle peu, et qu'il est japonais. Paris – c'est de tradition ici – lui a fait longuement et chèrement payer. Pour écrire et comprendre son histoire, je suis allé avec lui au bout du monde. Dans une petite île du Japon, Kikai-jima. Au large de Kagoshima. On y va par avion. Il n'y a plus de bateau qui fait la traversée. C'est trop long. Ou trop court. L'avion le nez à peine levé repique aussitôt vers l'archipel. Là-bas, des roseaux, la mer somptueuse, rude et belle. Les petits vieux sont assis au soleil. Ils sèchent leurs os et leur sourire. On vit centenaire parce que, le matin, il y a toujours quelqu'un qui vous attend sur les bancs publics. À peine un hôtel pour représentants de commerce, on jette sa valise sur le lit. On inspecte la salle de bains, on aère la chambre. Dehors le port et ses jachères industrielles, une promenade paysagée récemment jaillie des entrailles de la mairie. Un ciel envahissant.

Tateru m'a raconté sa naissance ici. Il m'a montré les sandales de plomb qu'il chaussait pour améliorer son endurance. Elles pesaient deux kilos. Sur les rochers, entre deux plats de chevreau en sauce (c'est tout de même marrant, cette manie des îles de ne jamais manger du poisson), il m'a parlé de son long chemin vers Tokyo. Tateru est difficile à comprendre. Son français est maigre. Ses forces aussi dans sa vie harassante. Parfois, la voix se coagulait et ressemblait à un tunnel de mots incompréhensibles. Je hochais la tête, nous nous regardions convaincus de cet indicible énigmatique.

C'est à Tokyo qu'il a rencontré sa femme, Michiko. Les femmes des cuisiniers, on parle peu d'elles. Elles vivent dans l'ombre. Alors, on n'y va pas. Pourtant, à côté d'un cuisinier, il y a toujours une femme qui veille, soutient, épaule, soulage. Elles mettent en lumière. C'est ce que fit Michiko avec son mari Tateru. Lorsqu'elle tomba amoureuse de lui, il y a une trentaine d'années, à Tokyo, il pleuvait. Elle ouvrit spontanément son parapluie pour le protéger. Le geste lui est resté. Elle rencontra alors un géomancien (ces astrologues qui lisent dans les directions). Il lui prédit un bel avenir pour tous deux. Mais douloureux. Elle y perdrait sans doute la vie. Mais il fallait partir vers l'ouest. Franchir « trois montagnes ». Et là, ils auraient cette récompense que Tateru allait devoir attendre longtemps, longtemps, l'étoile Michelin, la seule reconnaissance qu'il estimait valable sur terre. Pour avoir été proche d'eux pendant ces années de peine et d'injustice (sa cuisine valait clairement deux étoiles), j'ai pu voir combien Michiko soulevait des montagnes avec son obstination souriante. Elle qui était haute comme trois pommes, chétive comme une brindille, dégageait une force de conviction, forçait les hésitations. Mais elle souffrait. Tant. Ne disait rien. Gardait son phrasé précipité, sa haute tension. Lorsque l'étoile arriva, elle l'apprit quelques semaines avant la sortie du guide, précisément dans le salon de l'hôtel Daniel. Elle se retira, alla pleurer dans la pénombre, puis revint. Elle avait une lettre serrée sur le cœur. J'appris plus tard que c'était celle de son divorce. Sa santé se détériora subitement. Elle fut hospitalisée, les équipes médicales firent tout pour la maintenir en vie. Son entourage dut se battre pour son rapatriement sanitaire. Puis un mardi, dans un avion de la compagnie ANA, neuf fauteuils furent finalement réservés pour remporter Michiko dans son pays natal, Wakayama, non loin de Kyoto. Elle était alors inconsciente. Elle est partie disparaître sous la protection des érables de l'automne. Ils sont flamboyants. Ils lui ont alors ouvert leur parapluie.

Nous avions pris une coupe de champagne dans ce curieux désordre de sentiments. Elle était accompagnée de son assistante Yoko, longue liane gothique dont j'étais très épris. C'est la seule personne que j'appelai le soir de la Saint-Valentin. Nous sommes allés ensuite fêter ce jour étrange au Stresa, rue Chambiges. Il est difficile de réserver dans ce lieu sauf si vous imitez une voix de mannequin italien. Deux fois j'ai essayé, deux fois ça a marché. Là-bas, tout est un peu surréaliste, les frères Faoila dupliqués en cinq exemplaires quasi similaires tiennent avec une agilité amusée cette assemblée intenable d'enfants gâtés que vous avez vus dans les magazines au papier glacé : Paul McCartney, Jean-Paul Belmondo, Claudia Schiffer, Sharon Stone (le stock de noms semble interchangeable ; d'ailleurs lorsque vous y allez, ils n'y sont jamais). Tous ces gens connus éprouvent régulièrement le besoin de se retrouver dans des lieux anodins. Mais ce soir-là, le cœur n'y était pas. Tout le monde avait la tête ailleurs, dégageant à grand-peine une tristesse étrange mêlée de vin de Toscane inutilement élégant.

Le Stella Maris est toujours ouvert et délivre une belle cuisine claire et classique. On a beau médire sur cet arrondissement, il n'en reste pas moins un puissant aimant de la vie parisienne. Ce n'est jamais fabuleux mais régulièrement on se tient les côtes de bonheur tant le spectacle est à la hauteur des espérances. Tout près de là (le bonheur de Paris, c'est ce sentiment de proximité) se tient une adresse impeccable, rutilante, exhibant les gencives de la prospérité, le Market, logé dans les entrailles de la maison Christie's, avenue Matignon. Attention, rien à voir avec une supérette à prix de coccinelle, non, Market est un restaurant distingué et bigrement bien conçu par un chef apprécié (à juste titre), Jean-Georges Vongerichten, jolie pointure internationale. L'accueil est gentil comme tout. Mais c'est sur des détails anodins que les premiers de classe se cassent souvent les canines. Étant arrivé le premier, on me propose un apéritif, alors que rien n'est plus inconvenant que de siroter seul son kir royal. Du reste, comme une bonne partie des clients ce jour-là, le choix se dirigea benoîtement sur de l'eau. Petit souci, le choix des eaux est plutôt restreint. Plate ou gazeuse, certes, mais l'une est trop pétillante, l'autre est trop lourde. Pas de noms, je commence à vous connaître, vous adorez lorsque je tire les sonnettes. Mais la suite, ce n'est jamais du gâteau : pendant que vous êtes dans votre fauteuil, je suis sous la gouttière. Et, grand classique, les huiles de ces eaux vont arriver, le mouchoir dans une main, la larme dans l'autre.

— Rien d'autre ?

— Non, répond le serveur déshonoré par cette conversation de bas étage.

— Alors, une carafe d'eau.

Ce fut comme un trou dans la couche d'ozone.

— Une carafe d'eau ?

Pas besoin d'être devin pour comprendre que le jeune homme a eu drôlement mal à son esthétisme.

Une carafe d'eau..., reprend-il comme si on voulait le régler avec des tickets de métro. Du coup, notre table fut traitée avec un professionnalisme meurtri. Les nourritures avaient cette même expression navrée, comme si elles souffraient de la présence de l'eau translucide et non dûment armoriée. Les assiettes suivaient à la remorque. Des baguettes demandées pour le thon croustillant (qui ne l'était point) n'arrivèrent jamais. La pizza au wasabi et thon cru – l'un des grands hits chic de l'endroit – annoncée comme fine et craquante était d'une épaisseur banale (pas fine donc) et nullement croustillante. Pourtant, le cadre a beaucoup de chien, la clientèle beaucoup de classe. Petit détail, qui lui au moins était croustillant, on réalisa tardivement qu'à notre table il y avait un personnage important (pas moi, rassurez-vous). Ce fut alors une sorte d'embardée cocasse, où soudainement trois desserts nous tombèrent sur le râble : un soufflé, un tiramisu, du caramel mentionnés crûment sur l'addition puis défalqués avec une élégance d'obus. Résultat des courses, une addition à 116 euros, cela reste fort cher malgré le décor en wengé et une exquise soupe au lait de coco (la cuisine thaïe vue de Paris, c'est toujours coton, on dirait du Wagner joué sur une guitare en plastique).

Ça y est, le dîner est confirmé. J'ai le menu au bout des doigts. Ce sera un mardi, j'ai déjà déblayé l'après-midi. Le trajet est presque minuté. C'est à se demander parfois ce que l'on fabrique avec un dîner, tant les préparatifs se valent. L'impatience bouscule tout, ravine les jours, encalmine le désir. À tous les coups, j'arriverai en vrac le soir fatidique, le charme se sera envolé, le chapitre détérioré. Manquerait plus que cela.

Remonter les Champs-Élysées, c'est souvent prendre la tangente. À droite, à gauche. Tiens, sur la rue de Marignan, voici le Spoon d'Alain Ducasse. Rappelez-vous, on était au XXe siècle... Paris trottinait, dormait sur ses lauriers, la plus grande cuisine au monde était pour tout dire dans les choux. Les petits bolides arrivaient déjà, klaxonnant insolemment, Tokyo, Londres,

New York, déjà l'Espagne, dépassant si vite que personne ici ne les vit passer. Tout à coup, Paris sursauta et délivra trois petites pépites joliment carrossées : le Spoon d'Alain Ducasse, le Korova de Delarue-Boukobza, Grasser Hermé et aussi une petite merveille, le Café Mosaïque, avec un chef doué, Paul Pairet, magnifiquement exilé depuis à Shanghai où il fait un malheur au Jade on 36th, le premier restaurant de la ville. Il transita auparavant à l'hôtel Costes comme cuisinier-conseil. Lorsqu'il fut parti, Jean-Louis Costes réunit ses cuistots et leur dit dans son sourire carnassier : « Eh bien maintenant, retour à la médiocrité ! »

21

Werner, le seigneur des plateaux

Le fief Ducasse n'est pas loin, il suffirait de faire rouler une boule de mozzarella pour gagner l'avenue Montaigne, le Plaza Athénée. Son arrivée fut un véritable traquenard pour le chef en place (Éric Briffard), un Fort Chabrol*. Celui-ci ne comprit pas tout de suite que la direction voulait faire venir le Platini de la gastronomie. Pourtant Briffard était loin d'être un manchot. Niveau deux étoiles au Michelin, *nearly* trois. Bref, il était bien dans son assiette. Sauf que le Plaza visait encore plus haut (ce qu'il fit depuis) en faisant venir Ducasse. Briffard partit donc aux Élysées du Vernet, non loin de là, et tout le monde fit mine de ne pas comprendre pourquoi il allait perdre, à la

* La rue de Chabrol abrite au numéro 51 l'immeuble qui consacra la formule « Fort Chabrol ». Thomas Clerc raconte dans son livre passionnant *Paris, musée du XXe siècle, le dixième arrondissement* (l'Arbalète, Gallimard, 2007) cet épisode rocambolesque : « Pendant quarante jours, du 13 août au 20 septembre 1899, la police assiégea les partisans retranchés du politicien antijuif Jules Guérin. Des mouchards leur venaient en aide en distribuant des vivres depuis l'impériale des autobus. » L'expression « Fort Chabrol » a perdu sa couleur historique au point de servir à désigner tout acte de résistance.

stupéfaction générale, sa deuxième étoile. Tu parles, en coulisses, on fit payer à ce chef valeureux son attitude pendant l'arrivée du roi Ducasse. Depuis lors, Briffard a récupéré ses deux étoiles et vient d'intégrer le George V. La revanche se savoure froide.

Tout cela en fait pour parler du Relais Plaza et de son directeur, l'inégalable Werner Küchler, l'un des derniers seigneurs des plateaux. Jamais vous ne verrez cela. Avant chaque service au Relais Plaza, avenue Montaigne, Werner Küchler, cinquante-cinq ans, effectue un étrange cérémonial. Il fait le tour du restaurant, touche chacune des soixante tables comme s'il les saluait personnellement. Pourtant, elles sont vides. Mais avec chacune d'entre elles, il entretient une fraternité, une complicité. Pendant tout un service, lui et elles vont coulisser, orchestrer un moment magique de la vie quotidienne, celui des repas dans l'un des restaurants les plus parisiens de Paris (le plus parisien). Il pourrait même s'arrêter au hasard et raconter chacune d'entre elles. À l'as (la une) se glissèrent Marlène Dietrich, Pierre Balmain, Yves Saint Laurent, à la 60, la princesse Soraya. Ne lui en demandez pas trop sur la 20, dans le coin à gauche. C'est la plus demandée. Celle d'Herbert von Karajan. Pour Werner Küchler, le siècle a basculé à la mort du chef d'orchestre, le 16 juillet 1989. Il y avait un « avant » où l'on savait s'habiller, se tenir et puis il y a un « après » beaucoup moins lisible, aléatoire. Depuis quatre ans, le Relais Plaza n'impose plus la veste. Karajan avait ses habitudes au Plaza. Il avait sa table au Relais. Au menu du maître : potage de légumes, sole meunière et carafe de bordeaux. Lors de son dernier concert au Théâtre des Champs-Élysées, lorsqu'il se leva de table, la salle entière fit de même et lui réserva une standing ovation.

Werner Küchler est né à Bellenberg, à une centaine de kilomètres de Munich, en Bavière. Le déclic pour la restauration, il le connut à l'âge de quatorze ans. Ses parents l'emmenaient régulièrement le dimanche au bord du lac de Constance. Il aperçut alors, à la terrasse d'un restaurant, des serveurs qui bavardaient plaisamment au soleil. Ce fut une révélation. C'était exactement cela qu'il voulait faire. Mais jamais Werner ne travailla au soleil ou sur une terrasse. Il apprit le métier à Ulm puis à Düsseldorf. Il arrive à Paris et, comme dans les films dont on ne croit pas l'histoire, se fait voler ses papiers et une valise. Mais il faisait beau, c'était en juin et lorsqu'on a dix-neuf ans, il est impossible de croire que la vie ne vous attend pas. Il commence à l'Intercontinental, file au Vieux Berlin, avenue George-V, glisse au Prince de Galles (1972) avant de gagner le palace de ses rêves, le Plaza Athénée, en septembre 1972. Il est alors sommelier d'étage pendant sept ans puis grimpe les échelons un à un : chef de rang, maître d'hôtel et, depuis 1987, premier maître d'hôtel. Plusieurs fois, des grands restaurants ont essayé de le « débaucher ». Werner a toujours dit non. La légende, qu'il dément avec un doux sourire, voudrait que, lassée par ces propositions, la direction lui ait triplé son salaire en une seule fois. Le métier de Werner Küchler, c'est d'être là, de sentir, de travailler à l'intuition, au toucher. En un clin d'œil, il est capable de vous jauger, de vous situer, de vous placer. « Je compose ma salle comme un bouquet de fleurs en veillant à l'équilibrer constamment, les roses ne doivent jamais être toutes ensemble ; elles doivent éclairer le bouquet. C'est comme un navire, il ne doit jamais pencher d'un côté. » Werner Küchler appartient à cette famille désarmante des inconditionnels de leur métier. Lors de ses voyages, il s'inspire des cultures (notamment le Japon), de la façon infiniment discrète des serveuses des ryokans (les auberges traditionnelles raffinées) pour annoncer leur arrivée. Un très léger toussotement. Chaque matin, à 8 heures, Werner écrit avec un stylo à plume (un Rotring, largeur de plume 1,5) son journal de bord. Il essaie d'y distiller sa philosophie de la vie : « Résister, apprendre à marcher du côté ensoleillé de la rue ; ne pas rester dans l'ombre, se complaire dans la plainte et chercher la sécurité. Résister, tenter d'être un seigneur. » Parfois Werner rêve, il imagine des gestes parfaits comme celui du tireur à l'arc. « J'imagine la découpe parfaite d'un faisan qui se ferait en un seul geste continu, à la fin du mouvement, le faisan tomberait entièrement découpé. Lorsque c'est fait avec amour tirer la bière, verser une coupe de champagne, c'est beau et c'est bon. » Pour garder cette superbe, magnifique d'aisance et de discrétion, Werner Küchler a appris à se relâcher, se détendre. Régulièrement il part à bicyclette (un Basso, trois plateaux à l'avant, huit pignons à l'arrière). Il l'a choisi de la couleur de ses yeux. Bleu. Il file alors vers Chartres, voire Honfleur ou alors, il y a peu, pour des traversées impressionnantes : Chicago-Los Angeles. Ils étaient vingt-trois au départ, trois sont allés jusqu'au bout. Résister toujours, et pouvoir prononcer avec une douce fierté, un chant troublant et communicatif : « Être fidèle et constant. » Dehors, à la terrasse de l'hôtel, Paris rentre à pleins bouillons.

Dehors, à la terrasse de l'hôtel, Paris rentre à pleins bouillons. Sur la carte, il y a la salade « Terrasse ». C'est toujours pratique lorsqu'on n'a pas envie de choisir. Logiquement, c'est fait pour ces gens-là : salade Fouquet's, salade du patron, salade du jour, salade Grand Véfour, salade Savoy... Ici, c'est le homard qui fait la tête d'affiche. Il attire le chaland par son emblème narquois et ses prix en chinchilla (52 euros). Mais il se joue vraiment la star en se donnant chichement. Qu'importe, seule la marque nous sied et nous met de bonne humeur. Et avoir une « Plaza terrasse Caesar au homard » dans son bol, cela appartient à ces frissons chic de la nouvelle urbanité. Les côtes de romaine sont taillées comme des chevrons, le parmesan leste l'ensemble, la sauce apporte son côté dorure indigeste. Mais tel n'est pas le propos, il s'agit de nourritures accessoires qu'au demeurant on peut laisser dans son assiette. Est-on venu seulement manger ? Que nenni. On est venu s'inscrire dans un univers. Pour les desserts, aujourd'hui, les options se font comme dans les entrées d'autoroute. Celle que l'on prend, et l'autre que l'on ne prend pas. À gauche (ou à droite), la famille Einstein avec ses concepts en granité, sa chantilly d'idées, ses glacis philosophiques ; ces bêtes à concours sont souvent immangeables. Elles font la joie des guides gastronomiques, leur remplissent au moins deux lignes par leur intitulé et immortalisent leurs euphoriques auteurs. Et puis, il y a les autres desserts, les vrais ne prenant pas leur chou et faisant leur boulot. Ici en terrasse, voici un tiramisu guère orthodoxe mais délicieux et un vrai milk-skake avec ses hanches, son côté aérien moussu, prenant. C'est drôlement bien et c'est ce que nous aurions dû prendre. En double. Le service, comme à l'accoutumée, alterne d'authentiques gentils et des adjudants attendant la consécration du grand restaurant. Remisés ici en pensum, ils ont parfois le contact métallique, la réponse un peu militaire comme si la pression de la direction leur raidissait les extrémités. La clientèle à la limite les embarrasse, ils rêveraient d'un public figé, extrait du musée Grévin, alors qu'ils sont confrontés à des pâmés d'être là avec cette distance navrée, leur décontraction lasse, une joie de vivre compliquée : un vrai délice pour eux-mêmes, mais une engeance pour le service : ils ne veulent jamais ce qui est inscrit sur la carte. À les écouter, ils voudraient la salade sans sauce, le homard sans arête, le steak sans frites, les petits pois sans leur peau. Et le serveur avec un sourire.

20

Laitue ? L'étais-je ?

J'aurais pu aller presque en face. Pourquoi avoir réservé dans ce Bar des Théâtres ? Sans doute pour adoucir un autre rendez-vous qui était encore délicat. En jouant décalé, je pensais contourner le problème, détendre le front. Ne pas donner dans l'ostentatoire facile, le luxe réconfortant, l'engourdissement de la triple moquette. Je n'allais pas être déçu. Il faut le savoir, dans l'exquise avenue Montaigne, irrésistible dans son shopping carbonisateur, les tables se font rares. Pourtant ici et là, il y a quelques adresses légères dont on peut louer, par distraction, l'opportunisme. Et puis au numéro 6, le Bar des Théâtres, confit dans l'inconscient parisien. Cela fait tout de même bizarre de voir l'allure de ce restaurant dans une avenue aussi distinguée. C'est limite self, voire légèrement en dessous avec des nappes en papier orange délavé et des couverts en inox antédiluviens, il manque juste les verres en Duralex, le sel et poivre en dosette. Lorsque la salade est arrivée, on a tout de suite compris que cela ne l'emballait pas d'être dans son saladier. Son panier à salade. Elle ne se foule pas.

Pourquoi elle le ferait du reste ? Que lui reste-t-il à vivre ? Tout juste un transit entre le vrac industriel et l'assiette. Ce doit être exaspérant de vivre ainsi. D'avoir sorti la tête de la terre et de réaliser que l'on avait tout faux. L'agriculture intensive, le hors-terre, les lampes, l'atmosphère de sauna. Pas même de serviette-éponge. Vivre à poil sans même la plage, l'eau vive, l'azur. La fin rapide alors qu'on vient tout juste de se faire des copines : laitue elle aussi. L'étais-je ?

Rien d'autre. Même pas la mémoire des cageots, de la douchette tiède. Le coltar sans Rachmaninov, la grande surface pour restaurateur. La tête ailleurs, le cœur perdu. Les asperges ne valaient guère mieux. On les avait alignées distraitement comme à un peloton d'exécution. Même le patron devait être distrait (on va dire). À la carte, il y en a du jour, facturées à 15 euros ; d'autres pas du jour à 12 euros. Sincèrement, c'est désolant. Mais bien mieux en tout cas qu'à la table voisine où de riches Madrilènes se jouent la pénitence avec une assiette de haricots verts aussi appétissante qu'une boîte de vieux lacets. Même le pain est gagné par la morosité ambiante, terne et mal découpé. Lorsque le tartare est arrivé, en voyant la tête de mon invitée, venue d'un Orient extrême, j'ai compris qu'il fallait surjouer le kitsch du lieu, la poésie du bitume, la gouaille des aliments, leur laisser-aller sympathique, l'anarchisme d'un goût rebelle et autodestructeur. Mais sincèrement au-dessus des assiettes qui se tiraient une balle dans le pied, c'était la consternation. Même les pommes de terre donnaient dans la patate. Dans ces cas-là, on arrête l'ivresse du paradoxe. Commandons la tarte Tatin. Y en a plus. Bon, va pour la mousse au chocolat. Avant même qu'elle n'arrive j'aurais pu vous faire son portrait de guichet fermé. Son côté résistant, buté, rétracté, revêche, hermétique. Se laissant pelleter à la cuillère les yeux et les poignets fermés. Il y a des moments où il faudrait enterrer des plats, leur dire une petite prière et se demander ce qu'il a bien pu se passer (tu parles). Heureusement que la clientèle est là, jouant Paris, l'illusion, la gaieté des shoppings. Elle parle fort pour oublier le silence des nourritures, regarde parfois les plats dans les yeux et continue comme l'on voit parfois sur la route des accidents sans s'arrêter.

Il ne restait plus qu'une soirée avant le dîner fatidique. Tout au long de la journée m'est revenu ce curieux piège que je m'étais tendu. Comment être aussi double avec soi, me déjouer, m'attendre au coin du bois, moi qui ai déjà un mal de chien à me trouver.

Histoire de détendre ce sac de nerfs et de nœuds, je suis retourné vers les Champs-Élysées. À la longue, je commencerais presque à avoir mes habitudes, mon zinc, mon café, mon kiosque. Bientôt, à ce rythme, j'aurai un parking, un chien en laisse, ma « teille » au Baron. En tout cas, question pizzeria, je sais où aller. Rue Franklin-Roosevelt.

Parfois, on oublie qu'aller au restaurant peut être une vraie comédie, avec ses farceurs, ses menteurs, ses paumés. Ce soir, j'ai bien fait de venir dès le début du service au Bistrot Napolitain, car, à partir de 19 h 30, c'est complet. Ensuite, le défilé peut commencer. C'est un peu comme une émission en direct sur France 3 Régions : de la vraie vie, *live* ; sans texte, que dans le naturel. Bien sûr, lorsque le froid vient pincer les Parisiens en voie de réchauffement, cela nous vaut de la doudoune, des petits nez rouges et beaucoup de buée dans la bouche et les yeux. Parfois, la clientèle est anonyme, mais c'est rare. Car régulièrement arrivent des personnages livrés franco de port des années Dave ; même les lunettes sont là, étalées sur le visage comme des plaques de gélatine. Il doit y avoir un public pour les pizzas, style dernier de classe. Ceux qui ont arrêté le dictionnaire gastronomique à la lettre A. C'est la vraie régression, le a-reu primal. C'est tout simplement irrésistible. Des silhouettes, déjà bigrement mal parties, viennent, une fois, au supplice de la mozzarella tendre leur cou au gibet. On est en plein péché capiton. Certaines arrivées valent que l'on reste figé, la fourchette en l'air, le fromage qui file en dessous.

Deux mégères arrivent et revendiquent effrontément une table. Elles auraient réservé. Le patron qui connaît le quartier et ses coquins flaire tout de suite l'embrouille. On devine qu'il les a reniflées. C'est clair, il ne peut pas les piffer. Alors, il fait semblant de chercher dans son livre de réservation...

— Ah si, dit l'une d'entre elles.

— Ah non, rétorque le patron.

Qui ment ? En tout cas, c'est drôle, personne n'écoute, sans doute parce que ce doit être un des couplets locaux.

— De toute façon, tranche le patron avec une mauvaise foi très VIIIe (c'est l'équivalent des poutres apparentes du VIe), la dernière fois, je me souviens bien de vous maintenant, vous avez réservé et vous n'êtes pas venues...

— Ah bon, répond le manteau de vison, on ne serait pas venues... On ne serait pas venues...

— Bon allez, attendez, dans vingt minutes, une table se libère, je vous la réserve.

Et voilà nos deux boules de poils plantées dans l'entrée avec un verre sucrailleux.

Pourquoi subit-on ce gentil sadisme ? C'est ce qu'on appelle probablement le charme parisien. Se faire bousculer, maltraiter, recevoir sèchement au téléphone. Cela participe d'une chimie secrète. Est-ce le zinc des toitures, le plomb des tuyauteries, l'azote accumulé ? On aura beau faire, Paris restera toujours une cuvette, sauf si l'on perce des trous en dessous. En ajoutant quelques centaines de taxis manquant, une dizaine d'artistes comiques défectueux, des croissants qui sèchent en deux heures, du bonheur constamment retiré des yeux, les silhouettes les plus hallucinantes de la terre, on comprend ces carambolages vespéraux. On ne sait plus où se trouvent la mie de pain, ses clés de contact, ses amis d'hier, la chamade de demain.

En attendant, dans l'assiette, la pizza est bien là. Elle est même rudement bonne, bien explosée, avec ses petites bulles champignonesques noircies comme il faut, leur surface vésuvienne. Les garnitures sont de vraies pimbêches, jouant le jeu, que ce soit la mozzarella crémeuse à souhait, la roquette. La pizza a de la fierté tout simplement, pas ces disques anonymes qu'on vous balance ici et là (Pastavino, par exemple, rue Dauphine, somptueusement indignes !). Un restaurant dans son œcuménisme avec les voisins, les néo-riches du VIIIe siglés du sol au plafond, les ex-fortunés en vintage, le néo-rien affamé, les familles en rush de vendredi soir. Le décor joue aussi le jeu avec les photos de joueurs de foot. Il y a là la fresque de rigueur sur une baie songeuse, des moulures au plafond comme si la pizza débordait de son assiette, voulait rejoindre cette sorte d'Éden alimentaire avec des cieux immensément bleus, des hommes et des femmes heureuses ; un pays de Cocagne, de trophées et de mascarpone. Le café liégeois y est invraisemblablement indigeste avec une liqueur de café exécrable, le tout encapuchonné de chantilly qui a un mal de chien à boucher le désastre. Tiramisu médiocre, ce qui n'est jamais pardonnable dans un restaurant italien. C'est un affront banal. Cette banalité, c'est précisément le revers de cette ville hébétée par sa propre grâce. Elle fait penser à ces paysages de Toscane qui vous vitrifient de bonheur. Soudain, une petite camionnette s'arrête et laisse son moteur caqueter pendant deux heures. Vous repartez plus loin.

19

Une addition à faire sauter l'émail des dents

Une saucière dans le cou, cela ne risquait pas d'arriver au dîner tant attendu. Tout était à présent fin prêt. Il suffisait d'être naturel, de ne rien jouer, de ne même pas préparer de scénario. D'être soi.

Je suis passé au marché Saint-Germain commander une volaille. Elle a été ficelée bien comme il faut avec les papattes plaquées sur les côtes, le cou rentré dans les épaules et le croupion suffisamment accessible pour y glisser de l'estragon et un citron confit. Pour l'entrée rien de plus simple, la température du jour permettait encore un potage froid, c'est tout juste si je n'avais pas étudié le sens des vents (j'aurais dû) et la pression atmosphérique pour synchroniser la « tombée » des herbes fraîches avec le disque de l'assiette. Une soupe fraîche mais pas trop froide faite de melon et d'ananas, relevée de poivre, de vinaigre balsamique, agrémentée d'huile d'olive. J'ai préparé le tout tranquillement avec cette douce quiétude du devoir accompli. Je regardais le ciel. Pas un nuage. Ma conscience. Pas une saloperie. Mes mains, propres. Je me suis même regardé dans la glace. C'était certain, ma vie allait changer. D'ailleurs, j'étais prêt. Le train allait s'arrêter en gare, il suffisait de monter. Saluer une vie antérieure et hop partir vers la suite.

Ils sont arrivés tous les trois à l'heure. Je me souviens bien, je sentais même bon. Un bain chaud avec de l'huile de sauge et de romarin, c'est désarmant de bonté. Du linge tout propre, la peau adoucie, l'épiderme tendre. Sincèrement, à moins de repasser mes déclinaisons latines, je n'avais jamais été aussi proche de moi-même. C'était pile l'année, le jour, la soirée. De l'âge certes (putain de merde), mais pour les garçons, le thème passe pour être surévalué. J'aurais pu bénéficier d'une taille plus généreuse, rejoindre ces armées de grands garçons qui rassurent. Mais pour en avoir croisé, ils partageaient cette inquiétude propre à ceux à qui l'on demande trop. En fait, je ne pouvais pas offrir mieux. Ou si finalement, l'année prochaine. Demain matin. Non, tout à l'heure.

Le dîner s'est bien déroulé. Faut dire que je commence à connaître les poulies de ce genre de construction. Pour la soupe, il suffit d'un brave mixer, même le plus fruste : une hélice au bout d'un manche, une prise de courant et hop, voilà l'opération. Pour le poulet rôti, c'est pareil. Il suffit de l'avoir à l'œil. De le surveiller sans cesse, de construire la sauce du début jusqu'à la fin. Je le laisse débuter tranquillement, puis lorsqu'il crève de chaud, je lance mes sortilèges : graines de coriandre, raisins secs, raisins frais (c'était la saison), gingembre moulu, vinaigre, miel, noisettes, confitures... tout ce qui me passe sous la main avec un minimum de concentration pour ne pas déséquilibrer les acides et les sucrés. Ensuite, l'obus fonce vers la cible. Les vins avaient été choisis pour ne pas estourbir. Un délicieux asti spumente, l'âme suprême, car avec son faible taux d'alcool (à peine 6°), ses raisins muscatés, c'est un bonheur. C'est même un souvenir d'enfance. La première fois de ma vie que je me suis réveillé pour aller vérifier l'excellence de la chose. C'était dans une villa bauloise ; nous étions adolescents, la villa était libre. Qu'avions-nous dîné ? Je ne m'en souviens plus. Mais de ce vin bienheureux, si. En fait, j'ai dû m'endormir comme un ange, une nouvelle fois le sourire aux lèvres tant la vie était conciliante, bonne et douce. La nuit était calme. C'est un coup de feu qui me réveilla. Dans la chambre d'à côté, si j'ai bien compris les explications du lendemain, l'éclairage public était trop fort. Ce qui troubla une douce. Son chevalier servant comprit qu'il pouvait s'illustrer de belle manière. Il s'empara d'une arme à feu et sécha l'ampoule municipale. C'est sans doute ce qui me réveilla.

Pour quatre j'avais prévu un joli magnum de bordeaux. Nous nous sommes assis autour de la table. J'étais tellement content, presque fier d'être assis à ses côtés. Elle ne buvait pas de vin. Jamais du reste. Elle n'en aimait pas le goût. Comme c'était charmant, tout cela. La soupe fit son petit effet. Le poulet aussi. J'y ai mis tout mon cœur, ainsi que du gingembre frais râpé à la dernière minute, des petites peluches de coriandre, un joli poivre et du sel cinglant. La conversation se déroulait bien d'autant que mes voisins savent y faire. Ce sont des collectionneurs de culture, ils lisent, écoutent, voyagent, écrivent, sortent. Ils sont dans la vie comme dans un pyjama.

Pour le dessert, je me suis aventuré dans une composition de poire et de chocolat (son parfum préféré), j'ai fait torréfier des noisettes, monter une chantilly et au dernier moment un mouchetage de poivre et une larme de vinaigre de chocolat, histoire de faire le pendant avec l'entrée.

À minuit, tout devait s'imbriquer naturellement. Mes amis repartaient et comme je devais remettre un cadeau oublié à l'intéressée, le tête-à-tête était immanquable. Du reste, j'étais tellement bien, tellement heureux, que tout pouvait arriver, cela m'était devenu égal.

Tout arriva effectivement. Le dessert fini, elle appela un taxi et me laissa avec mes amis.

J'aime bien l'expression se manger un râteau. C'était exactement cela. J'aurais préféré cependant ajouter du gingembre, du miel et de la chantilly sur le manche qui s'encastra dans mon front. Après une heure de vaisselle et de rangement, je me suis dirigé vers mon lit comme un chat qui serait tombé du huitième étage. J'ai dû dormir bizarrement.

J'avais beau être rudement meurtri (je n'eus plus de nouvelles de la demoiselle), le lendemain matin ressembla à ces curieuses journées désertées. Soudainement, vous êtes tout neuf. Qu'importe que la peau et les yeux vous aient été arrachés, mais, au moins, c'est clair et net. *Tabula rasa*, comme disent les gens qui s'y connaissent. Le soir même, je suis allé voir un film qui m'a réconcilié avec la vie. *Control*, le film retraçant la vie de Ian Curtis qui se suicida à l'âge de vingt-trois ans. Tout était noir (et blanc), j'ai retrouvé les acidités amères, le goût âcre de la vie, des morsures. C'était mes chansons préférées.

À cette époque, chaque fois que je sortais, je me soumettais à cette esthétique sombre et noire du col relevé et des boots à peine cirées. Regard de chat abandonné, incandescence du désir, vision désarmée sur la société. J'étais même allé à Berlin m'y perdre. Retrouver des filles vénéneuses que j'imaginais dans des moments de fièvre. Cela se produisit. Elles vinrent à quatre. Nous fîmes des photos dans les jardins abandonnés de l'ambassade d'Italie. Près du mur. *By the wall. You were very nice* (Lou Reed). Nous avons bu un café. L'une d'entre elles me confia que je lui rappelais Ian Curtis (il venait effectivement de se pendre). C'est sans doute le plus joli compliment que l'on m'ait adressé. À cet âge-là (vingt-huit ans), comme aujourd'hui d'ailleurs, on ne réalise pas tout. On ne comprend pas tout. On ne fait pas attention, la grande maladie humaine. Quel dommage, aujourd'hui, je serais mort d'overdose, comblé et sanctifié, malheureux et percé. Je suis rentré à la maison douloureux. Mais si heureux.

Une *tabula rasa*, c'est certainement pas le George V. Ici, c'est Byzance. Ou du moins, une sorte de sas pour le paradis. C'est ce qu'ont dû penser les maîtres des lieux en lançant ce genre de montgolfière. Faire le mieux possible. Le meilleur du monde. Ajouter des dents aux fourchettes, des lettres aux anglaises, du poil à la moquette. On est presque collé au plafond. L'oxygène s'y fait rare. C'est un peu comme ces clubs de football réunissant toutes les stars de la terre. Il y a des stars à tous les étages, les deux meilleurs sommeliers du monde (Éric Beaumard et Enrico Bernardo depuis lors partis à Cassis et à Il Vino, à Paris), l'un des meilleurs directeurs d'hôtel au monde (Didier Le Calvez parti aussi vers le Shangri-La), un chef trois étoiles (Philippe Legendre), c'est tout juste si le bagagiste n'est pas champion du monde d'haltérophilie, le concierge ancien ambassadeur d'Autriche. Du coup, on est comme des curistes sur la table de massage. L'air est doux (quoiqu'un peu frisquet ce soir-là, 19 °C). À la limite, on est arrivé. Il n'y a presque plus rien à attendre (c'est ce qui se passa). À part une surprise. Elle vint. Oh, quelque chose de cinglant, prodigieusement bon : le vin de château-chalon sur du comté, une sorte de cobra s'engouffrant une souris avec un gloups ! De félicité. Le reste, vous le connaissez, additions à faire sauter l'émail des dents, petits plats dans les grands, beurre trilingue, pain diplômé en farine internationale, couteaux à double tranchant. Et l'assiette ? Superbe porcelaine. On l'aura compris, j'attends toujours un grand repas au George V. Comme je ne compte pas lancer mon guide gastronomique gracieusement dans les salons de ce palace, cela ne m'ennuie pas de me griller auprès du chef et de ses directeurs. J'attends toujours ce fabuleux repas digne des trois étoiles. J'ai le souvenir d'un gibier en tourte totalement loupée (trempée et banale) alors que l'avant-veille, à deux pas de là, au Stella Maris de Tateru Yoshino, j'avais avalé la même chose, mais splendidement réussi. Le Michelin de l'époque, droit dans ses bottes, décerna les trois étoiles au George V et zéro étoile au Stella Maris.

À la limite, question palace, je préfère l'humilité d'un Yannick Alleno, au Meurice. Plats d'une belle clarté, vrai travail dans tous les coins et de temps en temps, l'hiver venu, des dîners à vous rendre marteau, comme ce « grand pot-au-feu Dodin Bouffant » servi en cinq services. Si vous n'avez jamais tenté ce genre d'expérience, autant y réfléchir à deux fois. C'était pourtant rudement tentant, une des dernières grandes expériences gastronomiques de la capitale. Tout le monde le disait. Dans ce genre de configuration, lorsqu'on vous pousse par l'épaule pour réserver au plus vite, il y a toujours comme un pressentiment. Toutes ces majuscules, ces lettres anglaises, le marbre de palace. Vous connaissez : on sort souvent sur un brancard, un coquard à la carte de crédit. Déjà le nom du gastronome, les gravures de l'époque, ces bedaines poussées comme des étendards, ces joues à épuiser des trompettes... Réservation fut donc prise...

Pas à dire, dîner dans un palace, ça a du chien. On se sent redoré pour l'éternité, on prend deux centimètres de hauteur, même les lumières ont de la tenue. C'est si agréable. Ce grand pot-au-feu allait être servi en cinq services. Arriva d'abord une sorte d'immense faitout admirablement argenté et parfaitement cylindrique. Le maître d'hôtel déclama avec une jolie emphase, non sans raison, la citation tirée de *La Vie et la passion de Dodin-Bouffant* (par Marcel Rouff) : « Il arriva enfin, dit notre homme avec une voix de Fantômas, ce redoutable pot-au-feu, honni, méprisé, insulte au prince et à toute la gastronomie, le pot-au-feu Dodin-Bouffant. » Ça donne des frissons et tout de suite, la canonnade commence : judru dans la tradition lyonnaise. Autant dire que vous avez le bec enfermé dans la tradition, avec un violent goût de ferme (c'est du saucisson chaud) ; vous perdez un peu l'équilibre. Ça foxe sec, vous voilà en train de dégringoler les escaliers du vice un coup de fourche dans le derrière (un pouilly-fuissé, les Grands Champs, 2001, de chez J. Burrier). 2ᵉ SERVICE : aiguillette de bœuf. C'est écrit : frottée de salpêtre et parfumée à l'estragon, piquée de lard gras, servie rosée, croûton de moelle relevé au raifort. On appellerait les gendarmes pour moins que ça. Mais c'est trop tard. La bienséance vous a discrètement ficelé dans une camisole de force. Vous ne pouvez plus rien faire, sinon becqueter, le rose aux joues (boum : un crozes-hermitage Albéric Bouvet), c'est moelleux, agréable. On est franchement largué, c'est comme si on faisait avaler un morceau de roquefort à un enfant de quatre ans. 3ᵉ SERVICE : consommé double aux champignons, royale de moelle. On a le sentiment que ça se calme, pas du tout, le bouillon a une force d'haltérophile, et dévale comme un bobsleigh. En fait, on prépare la place pour la suite. 4ᵉ SÉVICE : jarret de veau de lait, massé à la menthe et au serpolet, bouquetière de légumes. C'est curieux mais on croit entendre les calèches et du vieux français (aloxe-corton 1ᵉʳ cru Les Fournières, 1999). Il est, semble-t-il, trop tard pour se lever. 5ᵉ SÉVICE : volaille de Bresse, enrichie de foie gras de canard poché au vin de Chambertin, purée soubise. On grimpe alors comme dans un film, un escabeau de bois (Bonnes-Mares grand cru, 1994), on vous demande de dégager le col de votre chemise (la purée soubise) puis de vous agenouiller le cou tendu. Boum couic, le foie gras de canard poché, il n'y a pas à dire, c'est formidable pour vous faire virer de l'œil.

Le tout se jouait dans une atmosphère marbrée à souhait, celle des palaces qui nous tétanise avec bonté. Il y avait là ce public de guingois avec les endimanchés tous les jours de la semaine, les petites personnes dans les grandes, une jolie pulsion générale faite de gourmandise ténue, d'incompréhension rentrée, de candeur animale. C'était formidable de tenter ce genre d'expérience. Suffit de venir solidement charpenté pour ce voyage dans le temps car ce sont des secousses à la fois rudes et raffinées, qui vous font perdre toutes notions. C'est bizarre car, après, on ne sent plus rien, j'ai oublié de raccompagner une femme exceptionnelle à son taxi. Le lendemain matin, tout cela m'est revenu, mon estomac sortait un drapeau blanc, j'étais convoqué au tribunal de ma conscience. J'ai déplié l'addition en accordéon au fond de la poche. Je m'y suis remis à deux fois en mettant les doigts ouverts devant les yeux, c'était terrifiant : 544 euros. Et, en plus, j'allais repartir dans le ralenti de la soirée. Le marbre, le judru, le lard gras, la moelle relevée au raifort, le foie gras...

18

La nuit, on n'entendait rien

Lorsque l'on quitte le centre de Paris, on a vite l'impression que tout a été dit. Il y a eu tellement de choses à boire et à manger que Paris se repose. Il étire ses beaux quartiers, étend ses mètres carrés, déploie son mohair. Il fait XVIe. Les appétits sont passés à l'office. D'ailleurs, on a l'impression que Paris est comme un appartement. La porte d'entrée (la Seine), le salon (nous y sommes) et puis le reste, la cuisine (les arrondissements du bas-ventre), la chambre des enfants (les premiers jobs dans le XVe), la salle de jeux (VIIIe, Bastille, Nord), la bibliothèque (le Ve), le dressing (Marais, VIe). Ici dans le XVIe, les tables se font rares. Espacées. Juste quelques spécimens histoire de ravitailler les autochtones, les faire sortir en chaussons : la brasserie Stella, le restaurant japonais (Comme des poissons), le Relais d'Auteuil, le superbe décor de la Maison Prunier.

Parfois, il y a un tel silence que quelques notes de piano s'échappent d'une fenêtre. La rue était prédisposée. Rue Beethoven. Une sorte de couloir très haut d'immeubles sortis à reculons d'un roman de Patrick

Modiano. On sent que la pierre a été usée par la vie, les histoires et probablement leur lenteur. La pierre a cette blondeur rassurante, elle accompagne les étages avec méthode, se laisse percer de fenêtres. On devine d'en bas les doubles rideaux, leur enfermement bourgeois, leur calme tant espéré. Lorsqu'on lève les yeux suffisamment longtemps, il y a toujours une ombre qui vient se profiler. Il pourrait y avoir quelque chose de romanesque, d'intrigant. Une atmosphère de feuille morte qui lentement rejoint le sol.

Il m'est arrivé d'habiter ces appartements calfeutrés. L'escalier, ses tapis, les lumières douces, les odeurs de cire. On imaginerait s'allonger dans le calme et le coton égyptien. C'est ce qui se passa. La nuit on n'entendait rien. Juste le chuintement du radiateur. Le pas des insomniaques. La ville tout au loin. Presque trop éloignée, écartée par les taffetas et les chintz. J'étais sans le sou, elle devait être probablement fort protégée, chantait le cabaret berlinois, et portait la tête penchée avec une douceur irrésistible. L'hiver la rendait magnifique, car sa peau prenait admirablement le froid, comme d'autres la lumière. Nous étions allés à la brasserie Stella participer au froufrou des manteaux d'hiver. Les huîtres, la sole, le vin blanc. Puis le retour à l'appartement. On aurait pu passer notre vie longtemps ainsi. S'observer, s'enlacer comme l'on rentre dans un tunnel. Parfois, dans une étreinte, nos yeux se croisaient. On ne savait sans doute pas. On avait oublié le scénario. Il n'y en avait pas. Juste cette sonnette ronde, le bouton comme celui d'un sein. Le pas de ses talons hauts sur le plancher. Le canapé. L'heure qui avançait. Le Stella.

Un jour, pensant m'être installé dans un rôle de gigolo, je vins sans argent et la chemise au vent. Le moment de l'addition fut étrange car elle aussi pensait être conviée. Après tout, c'était moi le garçon. Ce fut pour tout dire embarrassant. On ne sait jamais quoi faire dans ce genre de situation. On devrait écrire des manuels à l'usage des infortunés.

Après tout, cela ressemblait à ma vie de l'époque. Je travaillais pour Christian Millau dans son magazine consacré à la table et aux voyages. La vie était belle. Moi qui ne mangeais que yaourt au chocolat, cola en tout genre et Pizza Pino, je me retrouvais du jour au lendemain dans le foie gras, la truffe à la croque au sel et le tournedos Rossini. Je faisais l'inspecteur. Parfois, des sujets m'embarquaient dans des postures que vous ne pouvez pas imaginer. Ça mettait tout le monde en joie sauf ma pomme. Sujet du jour, demandez un *doggy bag* un peu partout dans Paris. Il s'agissait d'emporter à la fin de son repas le reste d'un plat non terminé. Dans d'autres pays que le nôtre, cela se fait en toute simplicité. Ici, vous ne pouvez pas imaginer la déflagration que cela peut produire. Vous auriez croqué cinquante kilos d'ail que le résultat serait moindre. Il y a en France une sorte de constipation généralisée qui gagne en premier les restaurants. Rien n'insupporte plus le service que ce qui n'est pas prévu : les enfants, du rab, une place agréable, un groupe, un cigare, un mendiant, un aveugle, une femme seule, un client manchot, un retard, une avance, la pluie, le soleil, l'automne, l'hiver, le printemps, l'été.

Le plus rétif fut, chose étonnante, au Joe Allen, restaurant américain emblématique, où l'on me fit répéter plusieurs fois cet étrange vocable. À Sousceyrac, j'inspirai de la pitié au maître des lieux qui comprit sans doute que quelque chose ne tournait pas rond dans ma tête. Il entoura une barquette dans du papier alu et me laissa repartir navré d'avoir mystérieusement cabossé un appétit. Le plus inconfortable fut sans aucun doute la visite de Maxim's. L'avant-veille, j'en avais l'estomac tout retourné, ma fiancée crama à moitié sa robe en la repassant tant l'aventure lui semblait absurde. Il fallut donc remettre les couverts, déclencher l'incident et faire appel à la compréhension du personnel. Celui-ci fut épatant. Les cailles au foie gras furent admirablement langées dans leur plat de service armorié s'il vous plaît, et remis le plus discrètement du monde à la sortie du restaurant. Autre enquête mitonnée dans le sadisme : avoir oublié son argent à la maison. Qu'à cela ne tienne, me répondit Claude Terrail à la Tour d'Argent. Madame est charmante, je l'entraîne visiter la cave pendant que monsieur s'en va en son hôtel chercher son portefeuille. Détendez-vous, tout va bien se passer. Au restaurant du Palais de Justice, on ne sourcilla guère. « Vous savez, me confia la responsable, ici on voit de tout, j'ai l'habitude. Il y en a un qui n'est jamais revenu ; c'était un curé. » Le plus dur fut sans doute chez Lipp. Avec un bon camarade d'un naturel assez fier nous rejouâmes le coup du portefeuille oublié.

Cela déplut fortement. Le serveur passa la patate chaude à la caisse où nous fûmes convoqués comme les derniers de la classe. Nous avions promis de revenir régler l'addition. Cela ne marchait pas. On nous jaugea et au passage le poignet de mon camarade attira le responsable. « Vous laissez cette montre en or. » Charmant. Quelques années plus tard, le même tourment m'est arrivé chez Ladurée, sur les Champs-Élysées. Je me retrouvais tout seul à la fin d'un repas avec l'addition à régler ; mon convive avait dû rejoindre à la hâte une réunion de travail. J'appelai le serveur, qui appela le maître de rang, qui fit appel au responsable du magasin, qui lui-même diligenta la... responsable de communication. J'avais tout bêtement oublié mes cartes de crédit mais je proposais de laisser mon permis de conduire en guise de caution.

— Pas question monsieur, on nous a déjà fait le coup.

Le ton monta d'un côté (le leur). On me demanda de laisser mon sac, ma caméra, sinon on appelait la police. Entre-temps, sur un téléphone portable, un ami secourable arrivait ventre à terre régler la misérable addition. La maréchaussée était déjà sur place. Le salon où je déjeunais avait été isolé, les portes fermées. Les deux policiers communiquèrent avec leur chef via leur talkie-walkie. J'étais libre.

Où étions-nous déjà ? Rue Beethoven. L'unique restaurant de la rue est tenu par deux garçons décidés : Pascal Barbot en cuisine et Christophe Rohat en salle. Ils ont dû se dire un jour qu'ils allaient se faire plaisir et faire plaisir aux clients (croyez-moi, dans le genre, c'est assez rare). Faire un restaurant d'indulgence et de bonté. Ils l'ont baptisé d'une fleur étrange, l'astrance. Elle sèche depuis lors dans mon agenda. Les repas, eux, restent intacts dans leur minéralité. Des plats aux lignes claires, des coups de tonnerre assenés tranquillement : homard dans un court-bouillon mélisse et coriandre. Puis des compositions qui savent passer fugitivement sans qu'il soit besoin de cogner sur les accents, enfoncer le point des *i*, graver l'exclamation. À chaque plat, des verres associés. Chaque fois, c'est tellement bon que j'en ressors avec effusion et confusion, bref, pompette.

17

Il venait de commettre une bêtise : partir si tôt

Le XVIe semble être ainsi avec ses rigidités, son devoir de réserve. Pourtant, il y avait là un restaurant extraordinaire, le Vivarois, avec un chef timbré, Claude Peyrot. Du moins c'est ce que disaient ceux qui le fréquentaient. Pour ne pas faire partie de ces cercles toujours dangereux dans leur fausse amitié, leur exclusive madrée, leurs relents de mauvaise sauce, il ne me restait que sa grâce illuminée. Disons que c'était un visionnaire (que voyait-il du reste ? personne ne le savait), qui avait son quant-à-soi et une ferveur démente. Sa cuisine était d'une telle limpidité que les intitulés des plats tenaient en une demi-ligne : coq ivre de vin, bavaroise de poivrons... J'étais là à son dernier dîner. C'était bouleversant d'excellence. L'assemblée ne comprenait rien à son départ. Lui, non plus. En cuisine, il ressemblait à un enfant de quatorze ans qui vient de commettre une bêtise. Celle de partir si tôt.

Il y avait aussi le Jamin de Joël Robuchon et sa cuisine qui galvanisa toute une génération. Il y avait tant de battage autour de cette adresse que les hymnes scandés par ses supporters me troublèrent. Tant de louanges, de tintamarre produisaient l'effet d'un rideau sonore, écartant ceux qui ne voulaient pas participer aux vivats. C'est ce qui se produisit. Le dîner fut certes bon, mais, à la fin, je me suis senti un peu bébête, exclu par la grâce imposée. J'eus le malheur de confier mon embarras à un journaliste gastronomique lorrain qui, coutumier du fait, s'en alla le rapporter à l'intéressé. Ce fut le début d'une longue série cocasse de malentendus aussi chroniques que nos rabibochages.

Joël Robuchon fila ensuite dans un hôtel particulier de l'avenue Raymond-Poincaré. Le lieu était superbe dans son austérité mais plombait le service qui devait cavaler dans les escaliers pour délivrer ventre à terre les compositions du chef. Ce restaurant était d'une exploitation calamiteuse. Et l'on comprend aujourd'hui le grand sourire de Joël Robuchon lorsqu'il passa la main à Alain Ducasse quelques années plus tard. Il se sortait d'un mauvais plan, épuisant et compliqué. Il allait avoir cinquante ans et profiter de la vie comme son complice Fredy Girardet. Ducasse s'épuisa lui aussi à mériter ses trois étoiles. Changea de formules puis renonça tant le lieu était ingrat.

Le XVIe éclaté dans ses azimuts se pelotonne sur lui-même, s'enroule dans son panier, laissant les monuments distraire les visiteurs. On les plaçait là comme des leurres, des passe-temps. Au musée de l'Homme, il y a un peu de cela. Quand vous bénéficiez d'une vue inouïe (la tour Eiffel), d'un cadre somptueux dans ses volumes, bien souvent, vous êtes embarrassé. Que faire comme restauration ? De la haute voltige ? Du n'importe quoi ? Des sandwichs Art nouveau ? Des soles Bauhaus ? L'histoire du Totem, au musée de l'Homme, rebaptisé Café de l'Homme, c'est un peu ça. Devant la porte, il doit bien y avoir vingt-sept kilos de dents cassées. Celles des restaurateurs qui viennent régulièrement tenter de placer leur guacamole et autres sashimis de thon au gingembre. Ça marche un temps. Un autre prend la relève. Du coup, chaque fois que vous écartez les larges tentures de l'entrée, vous pouvez vous attendre à tout. Ma compagne tout en radars et en sonars m'a vite saisi la manche. « T'as vu ce désastre ? » Il s'agissait du service qu'elle estimait carbonisé sur toute la longueur. À la question : « Pouvez-vous m'aider pour le choix du vin ? », une demoiselle style premier job répondit : « Ouh là, moi je n'y connais rien, j'en bois pas, mais je vais vous envoyer quelqu'un qui en boit plein. » Cela avait un peu d'esprit, fût-il trivial, mais au moins ça nous changeait des enfileurs de lacets qui ne savent jamais sur quel pied danser. Le service se veut assez décontracté (on va dire), alliant efficacité, naturel parisien (ne pas se laisser marcher sur les pieds), un brin gouailleur mais gardant ses distances. Pourquoi pas ? L'assiette est du même métal. Elle se faufile dans la tendance, regardant sans arrêt dans le rétroviseur, secouant les oracles *trendy* en pleine nuit et posant la question : « Suis-je de mon temps ? Ça va comme ça ? Plus de wasabi, moins de purée, plus de gingembre ? Dis-moi miroir si c'est bon. » Mais chacun le sait, les miroirs n'ont pas la parole. Ils réfléchissent. Chair de tourteau donc, docile et convenable, bien relevée, généreuse. Foie de veau un peu maigrelet, légèrement trop cuit (bien vu, car sa texture était si quelconque), flanqué de choristes un peu désinvoltes (la sauce dans son ramequin en décalage lointain), la purée l'esprit ailleurs. Dessert dans la même lignée, avec cette sorte de *« no taste land »*, un entre-soi convenu et correct. Dans un musée, il faut s'attendre à tout. Quelques tables à hauts fronts et épaules ramassées sur leurs conversations et bien entendu les touristes et le vrac planétaire que nous aimons bien finalement. Ce soir-là, à côté de nous des Allemands en grosses chaussures, K-ways, aimantés par les lumignons de la tour Eiffel. Au retour, la nuit fut hantée de rêves saugrenus. Par moments, c'est comme une farce. On se voit rétrospectivement au milieu du lit. Régulièrement tombent du plafond des éléments saugrenus : un énorme poisson luisant de mucus, quarante kilos de fraises de Plougastel. On ne sait jamais ce qui va vous tomber dessus lorsque l'on ferme les yeux. Cette fois-ci, ce fut Léo Ferré lui-même qui apparut. L'imprécateur de mon adolescence. Nous étions dans une arrière-salle après les autres. Il faisait terriblement chaud. Il s'est alors mis torse nu.

Le quartier est plutôt rêche et la clientèle du même métal. Comme dans le XVIIe voisin, encore plus lent à la détente. Il suffit de voir ce que devint Jean-Pierre Vigato (Apicius) lorsqu'il migra vers le VIIIe arrondissement, rue d'Artois. Il laissa sur le boulevard Pereire cette clientèle qui le plombait littéralement avec ses lenteurs, ses grâces de chihuahua. Une sorte de pesanteur convenue, bien comme il faut, mais ne laissant aucune chance d'épanouissement à ce chef. Depuis qu'il a changé de place, sa cuisine s'est épanouie, débarrassée de ses faux poncifs pour gagner en efficacité et plaisir.

16

Nous réclamons des actes rebelles : le flambage des suzettes

C'est ce même problème que doit partager Paolo Petrini dans son XVIIe de la porte Maillot, ici même la saucisse a du spleen à l'âme. C'est tout de même marrant (façon de parler) mais cette adresse n'a jamais été une ambassade folichonne. C'est comme une fatalité. Déjà, rue d'Argenteuil, près de l'Opéra, c'était assez coton mais maintenant, rue du Débarcadère, c'est devenu carabiné. Allez savoir à quoi cela tient ? La cuisine de Paolo Petrini reste toujours la même, vive et sinusoïdale. Parfois, c'est épatant, ensuite c'est moins bien, mais il est toujours dans son assiette, batailleur et bien vivant. On peut se demander également si ce n'est pas la faute des clients : cette adresse déjoue régulièrement. Il doit y avoir un gisement d'hommes en gris dans le coin et, par malchance, il a fallu que ça tombe sur ce pauvre Paolo Petrini. Il aurait pu inventer une fausse entrée de métro, histoire de les piéger, un ciné *center*, un bar à hôtesses, mais non, c'est là qu'ils atterrissent. Cela dit, dans le coin, les hommes en gris, c'est peut-être la fortune des restaurants, mais c'en est également la calamité. Quand vous voyez une table comme L'Orénoc, au Méridien Étoile, avec la cuisine appréciée de Claude Colliot (personnellement, j'ai eu du mal), ça vous fait le même genre de décharge dans le dos lorsque apparaissent les néo-douchés qui déboulent en pantalons de survêtement, les mains dans les poches, les collègues en ouaf ouaf, les congressistes en sortie annuelle, les célibataires en testostérone. Sincèrement, y quérir une intimité ou faire des promesses divines tient de l'exploit, autant sucer un esquimau sur la banquise. Paolo Petrini, au fond de sa cuisine, doit sentir cette configuration bancale. Du coup, il fait chauffer les tubulures, joue du klaxon sans répit. Les entrées swinguent, s'époumonent dans des variations bien senties comme des calamars farcis ou une timbale de gambas aux courgettes vivaces et délurées. Ensuite, voici des *pici* aux artichauts et aux saucisses de Toscane. Les pici, ce sont des pâtes toscanes roulées à la main comme des gros spaghettis. Voila un plat bigrement rustique, fourrageant à la diable. C'est bien simple, on a l'impression d'écarter des branchages pour atteindre le cœur d'une assiette joliment puissante. C'est dense, savoureux. C'est une assiette debout avec la touche forte, musquée, de la saucisse. S'y attaquer constitue un tel moment que l'on en sort fourbu et repu. À votre insu, vous venez d'assister à cette sourde lutte fréquente dans les restaurants entre la léthargie d'une salle en roue libre et l'emprise de l'assiette. Le service, lui, est toujours compassé, comme meurtri par un incompréhensible désenchantement. Autant donc y aller avec de la compagnie poilante, sautez le dessert si les assauts caloriques furent trop violents, avec un dernier verre, c'est impeccable pour s'endormir dans la demi-heure.

Au bout de la rue, une autre adresse cultive ce genre cabossé que constituent encore les brasseries de quartier. Pourtant, immanquablement, on reviendra vers ces bonnes vieilles brasseries. Parce qu'elles nous manquent déjà. À trop vouloir singer la mode, plier sous le knout financier des hommes en gris, elles ont bien failli disparaître, le pavillon haut, la clientèle en berne. Ne parlons pas des plats, compromis laborieux entre la centrale d'achats et la technique. Mais des clients. C'est bien simple, même s'ils repartent l'esprit aussi embué que leur verre de muscadet, le lendemain, il arrive bien un moment où ils regardent la note. Celle-ci est toujours trop élevée. Aussi, lorsqu'on a appris qu'un établissement comme Chez Georges (porte Maillot, ne pas confondre avec celui de la rue du Mail, formidable de gentillesse et de qualité) avait été repris par la famille Menut (Grande Cascade, Garnier...), il fallait fissa enfiler son loden et son écharpe Burberry. Ici, c'est simple comme cette petite salade de mâche avec de vigoureuses gambas. C'est bien pour ouvrir le dîner, si ce n'est que la salade est un peu trempée, donc il y a de l'intention dans cette composition mais aussi de l'inattention. Quant à l'agneau, il est servi à la voiture, c'est tout de même chic. C'est à la limite absurde, à l'heure où les véhicules sont proscrits de la chaussée, de s'aventurer ainsi. Mais c'est bien pour ça que nous réclamons des actes rebelles : le flambage des suzettes (des crêpes, voulons-nous dire), le poulet à la découpe, le montage des sabayons... Ces actes qui vont au-delà de la logique commerciale, précisément, ceux-là mêmes qui rappellent que le restaurant est une enclave de résistance au siècle : on y choisit ce qu'on veut (on y fumait), on parle fort avec des gens fréquentables (infréquentables), on s'habille bien (mal), on se couche tard (ou pas du tout). L'agneau fut tranché impeccablement par le maître d'hôtel avec la cuisson dégradée, un peu de gras et les flageolets pour faire ce genre de plat issu de jadis : désarmant dans ses teintes sépia, cette façon endimanchée et bienheureuse, cette stature de banquette de brasserie ; c'est comme un meuble. On mange une tranche de temps en temps. Ce soir-là, avec un camarade, nous avions décidé de demander une belle bouteille pour saluer un événement (la brasserie, c'est cela aussi). Mal nous en prit en choisissant un grand vin de Bourgogne à 118 euros : de la flotte. Que voulez-vous ? Le jour où la Bourgogne cessera de faire des vins transparents, freluquets (mais prétentieux), le jour où les restaurants cesseront d'ajouter des marges saignantes, on reviendra vers elle. Il existe des bourgognes extra, pas chers, mais pourquoi donc se planquent-ils ?

Pas en face en tout cas avec cette fameuse Entrecôte que les restaurateurs rêvent tous d'imiter. La formule est simple viandes, frites, salade aux noix, mousse au chocolat à volonté. Pas de réservation, vous faites la queue comme tout le monde. Celle-ci est étirée comme un serpentin déjanté, ondulant cahin-caha avec ses quinconces de manteaux, ses boursouflures de doudounes, le tout tapissé de cachemire, de pull bleu marine Interchasse. Formidable bric-à-brac de l'Ouest parisien avec ses gourmettes, ses cathos sans défense ni frime, en auto-illustration, nature quoi ; ces fausses conversations (tout le monde s'écoute, s'épie), remix laborieux de propos d'ascenseur avec le contingent de bombardeurs de banalités, le nez dans les cheveux d'inconnus sans oublier les faux distraits s'essayant à la resquille accablante, la plaie parisienne. Bah, tout cela s'oublie vite dès qu'on est assis. On est tellement content que l'on surjoue la félicité et l'appétit, on prend et reprend. C'est en sortant qu'il y a comme une drôle de contrition, jamais on n'aurait dû, il est trop tard. C'est la petite mort gastronomique, une sorte de blues à la chantilly, un spleen de salade aux noix.

15

Sacrés chefs : toujours raison, jamais tort !

Dans ce quartier industrieux, il y a peu on annonçait un nouveau Ducasse ! C'est avenue des Ternes. Rech, une bonne vieille adresse qui popotait admirablement avec ses déjeuners d'affaires, le vin blanc embuant de larges verres ventrus... Ducasse et ses limiers passaient par là et ce qui devait arriver arriva. Il y a pire comme destin. La terre accourt, le pain devient multilingue. Pour ses premiers jours, Rech retrouvait son honneur d'antan. La salle était à cran, car le critique d'un quotidien du soir était annoncé. Les serveurs s'inspectaient la nacre des dents, le nœud de cravate, la courbe des cils. Et la table dans tout cela ? Apparemment impeccable, façon Ducasse, pas un pet de travers, du droit dans les bottes. Trois fois on vous demande si votre thon cru est à votre goût, quatre fois si tout va bien. On songe alors que parfois au restaurant on devrait pouvoir actionner des panonceaux comme dans les hôtels : « *Do not disturb* ». Bien sûr que c'est bon, que tout va bien, que le pain est croustillant, la nappe blanche. Quoique... du coup, aiguillonné par ces scrupules lancinants, on en vient à regarder de plus près ce que l'on becquette. Le thon a du mal à émerger de sa température (trop froide), de son lit d'épices (sans la niaque d'une composition à la thaïe, ou la suave complexité d'un sashimi). Les Saint-Jacques sont à la bonne cuisson, mais le goût est un peu dépassé. Pas grave, on commande un dessert à l'intitulé attendrissant : « Pomme cuite longtemps au four ». Qui résisterait à ce petit appel du pied ? La pomme arrive dans un joli moule en terre cuite en forme de pomme. La cuillère tournoie au-dessus avec cette peur exquise, celle que ce soit un peu trop chaud. Mais en bouche, consternation, c'est froid. Bah... ça arrive, mais c'est dommage. Un dessert loupé, c'est un peu comme un rendez-vous manqué, on pense d'autant plus à qui, à quoi on s'attendait. Le service passa pour la treizième fois et s'enquit des langueurs de notre appétit. Avec beaucoup de gentillesse, on fit part de la température discutable de la pomme.

— Vous avez tout à fait raison, s'indigna le directeur de salle, ce dessert doit être chaud ou tiède mais surtout pas froid ! Je vous le remplace immédiatement.

La bonne affaire ! Sauf que l'appétit s'était enfui, il était tard, il fallait repartir. Les cafés arrivèrent, le directeur aussi avec un topo pas piqué des hannetons.

— En fait, corrigea-t-il, j'ai demandé en cuisine, c'est comme ça que cela doit être servi : à température de pièce.

Sacrés chefs, ils ont toujours l'amour-propre qui les grignote, le narcissisme qui boulotte : jamais tort, toujours raison.

Dans un XVIIe éloigné, voici à présent une petite pépite déposée discrètement entre quelques barres d'immeubles. Ici, que des voisins venus à pas de loup vérifier que le menu est toujours étiré dans sa douceur de prix (26 euros le soir !), la patronne aussi accueillante et l'assiette vaillante. En ce début d'hiver, les tablées bruissent de la félicité de se retrouver au chaud. Une table de sexagénaires très wachi wacha à nos côtés se souvient ainsi fort bien des années abbé Pierre. « C'était fou, articule ma voisine, il fallait les pourchasser, les clochards, pour les abriter. Quelle rigolade ! » Eh oui, son voisin en foulard de soie écarquille les yeux et assène un fort soyeux « Merde alors ! ». C'est vrai, quoa. Vous êtes bien à Hier et Aujourd'hui, adresse épatante. En entrée, la salade de haricots verts déboule énergiquement dans son vaste bol, elle est assaisonnée comme il faut et délivre avec bonté la proposition inscrite à la craie au tableau mural. C'est exactement ça et pour ne pas mourir idiot, un peu de cacahuètes pour faire du bruit dans la bouche. Elles sont bienvenues et concluent une vraie entrée, tonique et saine. Ensuite, la fricassée de volaille a du propos et ne se dérobe pas un instant, elle est à l'image du restaurant et du chef que l'on voit s'agiter en sa cuisine : bien dans son assiette. Malgré la bande étroite des prix, il parvient chaque fois à ajouter une deuxième dimension aux compositions... La volaille est crémée et dédoublée d'asperges ; le tendron de veau se laisse entourer sans façon de gnocchis et d'un très joli jus de tomate. Quant au dessert, lorsqu'on entend l'intitulé – tiramisu au rhum et à la crème de marron –, on a envie de lever les yeux au ciel pour l'approximation et le détournement poussif (pourquoi faire autrement ou alors on change de nom). Cela dit lorsque le large verre arrive, on n'a qu'une seule obsession : plonger et replonger la cuillère dedans. C'est savoureux, plaisant dans ses déliés lactés. Tout le quartier est là avec ses variantes traditionnelles : couples en conciliabules penchés au-dessus des assiettes ; familles rattrapant le temps perdu, amis le perdant avec détermination, amoureux en approches, et quelques passe-murailles. La patronne est toute seule en salle et pourtant, elle accourt avec le sourire pour une corbeille de pain, une carafe d'eau, une bouteille de vin. C'est vraiment adorable. Mais attention, n'exagérez pas !

14

Ils ont aimé, ils ne reviendront plus

Cet Ouest parisien, on le tient avec des adresses fermes et joyeuses (comme L'Entredgeu, Kifune, l'un des meilleurs japonais de Paris) mais aussi en bordure, des petites tables vaillantes dégagées de toute ambition si ce n'est celle de faire plaisir. De temps en temps, on aimerait bien ainsi tenir fermement la rampe, retrouver les fondamentaux, histoire de relancer les cavalcades, les loopings, l'azote et les émulsions. Juste manger. S'asseoir à la rigueur avec une nappe et des couverts. Question : cela existe-t-il ? Oui, un peu partout. Mais, hélas, un peu partout, le vrai disparaît au profit des simulacres, des copies, des fausses terrines, des simili-frites, des légumes désobligeants, du pain passif, des vins fermés. Et puis parfois, au détour d'un boulevard, paf (et pif) une adresse, Le Gorgeon. C'est à Boulogne, avenue Victor-Hugo. Au moins, pour les entrées, il n'y a pas à tortiller : terrine de campagne, œuf mayonnaise, poireaux vinaigrette. Pas besoin de sortir son dictionnaire. La simplicité. Avec l'exacte traduction dans l'assiette, sans la fausse générosité tue-l'amour, mais la vraie belle assiette pleine de bonté, juste et bigrement agréable comme ces poireaux vinaigrette bien relevés, suaves et fondants. Ayant emporté dans ma sacoche deux juniors assoiffés de sensations vraies, ce fut un vrai bonheur de les voir grimper aux rideaux (absents au demeurant de cette salle bistrotière en diable). Il fallait voir dans leurs yeux la reconnaissance, l'étonnement. On en était presque au cri primal, au « areuh » gastronomique, leur première extase devant l'entrecôte maison. Frites dignes avec de la tenue et de la présence. Dans l'assiette d'à côté, un navarin d'agneau délié et tendre bordé de solides légumes. Entre le tiramisu et la mousse au chocolat, autant prendre les deux et piocher dans l'autre. Ils sont bien, souples et le goût sûr. Le service est à son affaire. Le patron en sémaphore précis et complice, la serveuse toute contente d'être là et de vous apporter à manger. N'est-ce pas ce que l'on attend d'un restaurant ? Le plaisir partagé. Les entrées à 5 euros, des plats à 12 euros... Vous êtes à une adresse qui offre une assiette vraie, n'y sont pas défalqués la triple moquette, le 4 × 4 du patron, son congrès à Miami et son abonnement à *Cigare magazine*. La clientèle est à l'avenant : des contents, grosso modo, et, bientôt, ne devraient pas tarder les vérificateurs de (bon) plaisir.

Je les connais ceux-là, toujours à la remorque, courant après les émotions, passant d'un arrondissement à l'autre, perforant leurs notes de taxi pour juste un poulet rôti à l'autre bout de Paris. Ce sont les fidèles de la gastronomie. Ils ont souvent le temps, se déplacent en couple, commentent, acquiescent, parfois s'étonnent, s'indignent. Ils écriront, ça se saura. On ne les reverra plus. C'est certain. D'ailleurs, on ne les revoit nulle part car ils filent comme les hirondelles du printemps. Ils étrennent les nouveautés, passent à l'autre, attendent la suivante. Les restaurateurs pensent avoir enfin trouvé des habitués, bons vivants, commandant et commentant bien. Ils leur ont donné leur meilleure table, la meilleure serveuse. Mais zou, ils ont aimé, ils ne reviendront plus.

C'est assez cocasse de voir les chefs nous chanter le retour de la *food street* (la nourriture des rues) avec d'élégantissimes sandwichs au rosbif tranchés sous gants plastique et pain pétri à la minute. Cela devient d'autant plus tordant lorsqu'on constate qu'on ne les trouve nulle part. Cela tient du même effet de style que notre bon Johnny brouettant à Gstaad des billets soigneusement ponctionnés en Gaule. Bah. En même temps, il est assez triste de voir les nourritures des rues si pauvres, si rêches, si ténues. Il fut un temps... Allez, on ne va pas vous faire couiner la mélodie du malheur ; cela ne nous rajeunit pas. Et d'ailleurs, que je sache, de bons vieux temps, il y en a toujours eu. À commencer par aujourd'hui. Les trouver. Régulièrement, on voit les vendeurs de marrons chauds, le regard inquiet, la carriole prête à démarrer au quart de tour. Il semble que leur présence ne soit pas toujours souhaitée. Ils dérangent. Et dérogent. Sans doute n'ont-ils pas la vignette, le caisson isotherme, les 35 heures et la gueule de l'emploi. On en voit ainsi entre deux képis, le regard effaré, renoncer à leur commerce innocent. Du coup, les marchands de marrons se font rares, s'envolent comme des moineaux. Finalement, au coin de la place de l'Opéra, parfois, on en trouve. L'accueil. Il n'est pas des plus agréables, c'est vrai. On a l'impression de monnayer de faux T-shirts Lacoste. On demande le prix : 2 euros pour une dizaine de marrons. Ce n'est pas donné. Mais bon, va pour ce doux instant chipé à la sauvette. Le cornet. Il était en papier glacé, une sorte de plaquette de promotion immobilière. Tout de suite les marrons chauds sont venus se calfeutrer dans une « exclusivité du Paris, XXe, à proximité de Belleville. Il est dans un bon état, dans un imm. ancien bien entretenu et bénéficiant de très faibles charges. Double exposition, à visiter ». Cela donne une main chaude très plaisante. Vous le savez, pour ceux qui affectionnent le goût farineux des marrons, c'est un vrai délice. Chacun ses images. Les vôtres restent intimes, les miennes aussi. Mais vous connaissez ce genre de déferlante évocatrice, c'est cela le plaisir. Télescoper des sensations, les superposer et, sur le fond magnifique que constitue l'Opéra de Paris par une soirée de décembre, sincèrement, qu'y a-t-il au monde de plus délicieux ? Le plaisir des doigts sur l'écorce encore très chaude, le frictionnement du brûlé et de la tendre chair, cela tient de la pure émotion, du bonheur de poche, nomade, glissant. Il appartient à cette catégorie irrésistible et sépia des souvenirs privés et percutants.

Ce serait malhonnête de parler du XVIIe sans évoquer la table de Guy Savoy. Ce chef trois étoilé fait l'unanimité dans la critique. Tout le monde crie au génie, à l'extase, au triple bonheur. Observateur indocile de ce plébiscite, je n'ai jamais été convaincu en une dizaine de visites. Peut-être un plat, voire deux, trois. Mais bon, chaque fois, j'y ai emmené des convives exaltés par cette perspective. Chaque fois sur le trottoir, nous nous regardions un peu sceptiques. Là où cela se gâtait, c'est qu'il fallait rédiger un petit compte rendu. Le chef n'a jamais apprécié que l'on vienne chez lui pour autre chose que pour le bonheur. N'étant pas du genre à manger les doigts sur la couture du pantalon (essayez, c'est assez difficile), chaque fois, Guy Savoy piquait un bœuf. Appelait ses confrères, les bassinait avec mes braves critiques. Un beau jour, il prit même la plume pour rédiger une missive qu'il adressa à l'ensemble de la presse et en premier lieu à mon directeur. Je ne peux résister au plaisir de vous la résumer. Attention, c'est parti !

La lettre était tellement cocasse dans sa naïve cruauté que le fauteil de l'avocat chargé de la relecture de ce livre recula de deux millimètres. Autant dire qu'il fallait vite faire passer au hachoir ce steak perfide. Bon gré mal gré, j'ai placé cette barbaque postale dans la machine pour retrouver dans le réceptacle en inox un curieux ruban où le chef félicitait le directeur du *Figaro* pour « la clarification générale des relations entre les journalistes et les différents secteurs de l'activité qu'ils ont la charge de suivre ». Mais dix lignes plus tard la boulette de pain malaxée jusqu'alors fusait à l'oblique. C'était assez insupportable selon lui de devoir essuyer l'anonymat de ma pomme. Il n'y voyait qu'un procédé d'une « extrême ambiguïté » et surtout interdit par la charte des devoirs professionnels des journalistes en juillet 1918, modifiée en janvier 1938, respectée par le SNJ, qui dispose qu'un « journaliste digne de ce nom : s'interdit d'invoquer un titre ou une qualité imaginaires, d'user de moyens déloyaux pour obtenir une information ou surprendre la bonne foi de quiconque ; ne confond pas son rôle avec celui de policier ».

Dans la foulée, notre ami caftait sans vergogne ma probable venue prochaine en espérant que la direction du *Figaro* allait faire cesser ce « jeu » qui à ses yeux jetait sur la profession « un réel discrédit », voire sur mes confrères « une suspicion tout à fait déplorable... ». La missive se terminait sur un grand moment d'émotion : « Fantomas » (sic) se voyait alors dénoncé... comme un « délateur » (re-sick).

13

J'espère que vous êtes bien assis : 78 euros

Autant dire que, ce 27 octobre, j'étais pile à l'heure avec une compagnie décidée et enchantée. Le repas ne fut pas grandiose et ce qui devait arriver arriva, le papier fut publié le samedi suivant. Voilà grosso modo ce qu'il miaulait :

Dans les grandes tables, la meilleure façon de passer un bon moment, c'est de suivre les recommandations des maîtres d'hôtel. Après tout, ils sont drôlement bien placés pour tout savoir. Lorsque les langoustines ont un coup dans l'aile, il est rare qu'ils vantent la nacre de leur abdomen. Lorsque la tête de veau a la langue bien pendue, c'est un bonheur de les entendre vanter la vigueur de cet appendice. Ici, chez Guy Savoy, le timing est remarquablement scandé. Régulièrement (sans arrêt), le service intervient. Pendant le repas, attendez-vous à une quarantaine d'interruptions. Après tout, c'est un bon exercice pour apprendre solidement à tenir sa conversation. Les décors en général en disent toujours long sur ce que va proposer l'assiette. Faites l'exercice à n'importe quelle adresse, les murs poursuivent le propos du plat (et vice versa) : le mobilier généraliste d'une crêperie, les claustras diaphanes d'un sushi-bar, les guirlandes napolitaines d'une pizzeria. Ici, il y a peu, Wilmotte a refait entièrement la salle avec une patte postmoderne. Exercice délicat, car il s'agit d'utiliser les citations du passé (japonisme entre autres) sans toutefois aller au bout du concept. Si on regarde bien, c'est un peu le même principe qu'en informatique, le système du copier-coller, qui consiste à transposer des éléments d'un texte pour les placer plus loin. Vous me suivez ? Parfois, ça marche, d'autres fois non. La célèbre entrée (une soupe d'artichaut à la truffe noire) procède du même principe copier-coller. On extrait de l'hiver un produit luxueux (la truffe) et on le « plaque » dans un plat disons « automnal », la soupe d'artichaut. À la limite, on pourrait trouver cela dérangeant chez un apôtre des saisons (la truffe ne débute que fin novembre, elle n'est bonne qu'à partir de janvier), mais pourquoi pas ? Le problème, c'est qu'elle nage laborieusement sur la surface d'une soupe somme toute banale, ramollie et sans son croquant naturel. Elle s'est ravalée à un stade de légume anodin. Son calvaire ne s'arrête pas là. Sur la surface flotte également du parmesan, qui tranquillement surine le montage. Coût du plat ? J'espère que vous êtes bien assis : 78 euros. Pour le reste, les gibiers ronronnent fort correctement (sans grande secousse, il manque un tour de reins), les desserts sont plaisants mais sans bonhomie. L'addition grimpe à plus de 500 euros pour deux personnes. De quoi inviter dix personnes dans un épatant bistrot parisien. Morale de l'histoire ?

Les grandes tables, c'est bien, quand c'est vraiment grand. Sinon, c'est un peu triste.

La suite, vous la devinez, elle n'a aucun intérêt. J'ai rameuté une dingo de la table pour contrôler le miel et le fiel. Lorsqu'elle fut assise, je lui racontai le feuilleton épique, le ping-pong vachard. Elle blêmit gentiment et réalisa que nous étions deux à mettre les doigts dans la prise de courant.

Le service est toujours aux petits soins (avec, en sommellerie, un type extra : Éric Mancio). Pourtant, le repas débuta à l'envers car les coquille Saint-Jacques (62 euros), la crème de lentilles-homard (65 euros) avaient réellement du mal à décoller, ne parvenant pas bien à articuler leur propos, engoncé, encombré du gras d'herbes frites (fanes de carotte, shizo japonais). C'était laborieux sans grande secousse. Là, j'ai eu des sueurs froides, une sorte de gong livide. On a l'impression de ne plus être à la hauteur, de ne pas être sensible à la pression du bonheur, d'être indigne de l'Occident (et de la rue Troyon). Lorsque le saint-pierre pour deux (150 euros) est arrivé, j'ai senti de loin une nouvelle lettre à ma direction, l'exclusion temporaire du club des enfants gâtés. Et puis, le ciel envoya un angelot qui réalisa une cuisson parfaite et un accord divin avec salsifis, noix et une petite sauce montée. C'était extra, posé comme du Satie, pas ramenard, doux, bienveillant. Indulgent. La sommellerie avait pigé qu'il y avait là une tablée sur des charbons ardents et avec deux verres de condrieu et un verre de chassagne-montrachet allongea le duo dans un coin du ring. Il ne restait plus qu'à lever les yeux au ciel, goûter cet univers très masculin, parisien, cette lumière étrange des salles. Ce bonheur entraperçu. Dessert aimable (ce qui devient rare dans un grand restaurant, il faut toujours que le pâtissier grimpe aux murs avec des yeux effrayés) : des mandarines poêlées taquinées par une préparation pralinée. Pas trop d'esbroufe (ouf), du doigté. L'addition arriva avec un score digne de la catégorie, 443 euros. Maintenant, Noël peut venir, on ne va pas marcher sur les boules de sapin.

Lorsque la bonne table tombe, alors là c'est des étoiles dans les yeux, le cœur en habit, la joie au ventre. C'était à La Garenne-Colombes, un vendredi soir (seul soir d'ouverture de ce restaurant), un restaurant que l'un d'entre vous m'avait chaudement recommandé : le Saint-Joseph. Pas besoin de vous faire le film, il se déroule déjà devant vos yeux.

Il fait nuit brumée, le restaurant se rapproche dans le lointain avec son halo blond et voilà, les rondelles de saucisson peuvent arriver. Comme d'habitude et par naturelle distraction, j'avais mal commandé mon entrée (un bouillon de langoustines gentiment banal) alors qu'en face il y avait un somptueux marbré de boudin noir au foie gras. Le décor, vous l'avez aussi déjà dessiné sur la buée des songes : un bistrot gourmand, des sous-verre au mur, des miroirs, l'ampoulement désuet des années, des affiches, des boiseries. On voudrait parfois se laisser enfermer à double tour dans ces petites républiques oubliées, ces duchés en chaussons, voir le monde défiler à l'extérieur tout en savourant lentement un cornas des familles. Un carré d'agneau somptueux vous réveille de votre torpeur. Il est signé Hugo Desnoyer, on en revient immédiatement à remettre les curseurs au bon endroit. Juteux, herbacé, une petite merveille qu'accompagnaient méthodiquement et fermement de solides pommes de terre frites. Ce genre de composition, c'est imparable, chacun à sa place, chacun dans son rôle : les patates font les roues du carrosse, la viande se pavane, c'est comme ça la vie. La salle était à moitié remplie avec de solides mangeurs lapant paisiblement, becquetant comme autrefois, en sauçant l'amitié, oubliant la pendule qui toutes heures y allait de son gong cuivré.

Lorsque la rue vous reprend, ça fait bizarre. Il y avait, dans le carrefour suivant, une patrouille de policiers qui contrôlait les automobiles. Nous avons frémi dans la voiture, pas fiérots, le regard halluciné de fausse innocence. On nous laissa passer. Ouf, un restaurant c'est ainsi parfois. Il vous mène, puis vous protège de ses sortilèges.

12

« J'étais fabuleusement seule »

Finalement, j'ai pris le train puis l'auto – les voyages instantanés en avion rappellent les cafés du même nom –, pour rejoindre l'Azur et sa côte. Le bel hôtel marchait avec ce pas lent des fins de saison comme perclus d'avoir porté des Éverest de serviettes-éponges. Il faisait si beau que l'on en aurait presque touché le ciel pour vérifier l'authenticité de ses bleus. Ils étaient bien là. Moi aussi, mais seul. Rameuter quelqu'un à la dernière minute, cela ne se fait point. À la limite, la seule personne que l'on ait sous la main, compréhensible et indulgente, c'est soi. Nous sommes donc partis. Je pensais tenir un beau chapitre. Celui d'une rencontre improviste, du coup de tonnerre dans un ciel de lit. L'époque était idoine, les solitudes par pincées. Il fallut que je me sente bien seul pour rester cloîtré dans mes silences. Les lectures étaient puissantes comme ce petit livre de Victoria Ocampo, *Drieu*. Malgré l'étroitesse de ses marges, j'y griffonnais comme un dératé. Comme si je jouais avec un billet de loterie. J'y ai toujours cru...

C'est ainsi que sur une terrasse de Villeneuve-lès-

Avignon, j'ai rencontré la future mère de mes enfants. J'étais tranquillement attablé sur la terrasse du restaurant Aubertin avec une salade et un livre, lorsque se profila une jeune femme. Une jeune fille devrais-je dire. Elle avait la poitrine soulevée par l'effort et prit une table à l'autre bout de la terrasse. J'étais précisément en train de décrire cette terrasse vide. Le soleil. Les ombres. On en écrirait un livre. On en écrit des livres. J'y ai rédigé les premières lignes d'un des plus délicieux chapitres de ma vie. Le carnet est encore là avec son écriture penchée, des intitulés de plats, des reçus de carte de crédit, des cartes de visite. Comme un morceau de schiste gravé d'une fougère antédiluvienne.

Écrire, gratter le papier de la plume, d'autant que le livre était poignant dans le déchirement de deux êtres baignés de lumière et d'amour. Autant Drieu La Rochelle semble dur, âcre, autant la belle Argentine resplendit de grâce et d'élégance. Je suis tombé nez à nez avec une phrase qui me laissa suspendu :

« En fait, j'étais seule, fabuleusement seule. On ne peut rester qu'un temps dans la matrice de la passion amoureuse. Après il faut naître, qu'on le veuille ou non, une naissance aussi douloureuse que l'agonie. »

Il y avait à la table d'à côté une femme qui aurait pu écrire ces lignes. Je la voyais de profil. Et de celui-ci se détachait une main lourdement baguée. Lourdement mais avec élégance. Elle était habillée de rouge. Elle aussi devisait avec l'horizon. Elle aussi soliloquait avec un beau vin blanc. Elle aussi devait me sentir en embuscade. Mais le livre fut le plus fort. Le piano était au lointain, amplifiait l'éloignement. Elle termina son dîner avant moi. Ou plutôt je la laissai me dépasser au moment du dessert. Juste pour une chose. Assister à son lever.

C'est sans doute l'un des instants que je guette le plus au restaurant, c'est lorsqu'une femme se lève. Autre moment captivant lorsque l'on hérite d'une table près de la porte, c'est l'admirable mouvement que déploient les femmes pour se débarrasser d'un vêtement. Se déclenche alors le plus voluptueux des défilés. Chaque fois qu'une femme entre, elle pose son sac sur une guérite postée à cet effet. Puis elle se dégage de son manteau. Cela dure quelques secondes mais cet instant est sans doute le plus irrésistible de la terre. Regarder presque au ralenti ces gorges s'offrir quelques sulfureux instants. Laisser son cœur battre pendant que les épaules émergent de l'étoffe. Beauté du buste, les seins à dessein. On peut alors reprendre le cours du repas et le fil d'une pensée que l'on a bien entendu perdu. C'est un instant magique. Jamais, me semble-t-il, elles n'arborent leurs seins avec autant de netteté et de grâce. C'est fugitif. Après, le calme revient, le couple se réapproprie la nue-propriété.

Un beau jour, ce fut dans un restaurant de la rive gauche. Lequel ? J'ai oublié. Il y avait là, de dos, une très belle jeune femme. En face à face, un homme qui, semble-t-il, dégustait autant les plats que sa belle. Étant seul à ma table, je me suis laissé bercer par ce cadrage troublant. J'étais fasciné par cette chaise rustique aux courbes répétitives mais que venait enflammer le dos de cette femme. Elle portait un pull blanc assez près du corps. On devinait à peine le passage de la bretelle de son soutien-gorge. Cette fois-ci encore, j'ai considérablement ralenti le rythme du dîner pour rejoindre le leur, histoire d'être présent au moment du départ. Celui-ci arriva avec son rythme exaspérant (fromage, dessert, infusion même). L'addition arriva enfin. L'homme régla. Tous deux s'attardèrent quelque peu. Très vite cependant, le couple d'amoureux décida de lever le camp. Ce moment-là, je l'attendais comme l'aube sur une ville. Je devais être comme médusé, suspendu, la cuillère plantée dans le bec, les yeux arrondis par l'expectative. La belle se leva. Et chose la plus triste qui puisse exister, le personnel rappliqua histoire d'encadrer la tablée de partants et ce qui devait arriver arriva, un maître d'hôtel vint s'interposer entre la table admirée et la mienne. La fin du dîner fut expédiée à la hâte.

La femme en rouge se leva donc. Elle le fit avec un raffinement exquis. Tourna les talons et s'en alla agrandir sa solitude. La mienne n'était pas mal non plus, mais la pêche était maigre. Juste ces quelques lignes. Je suis, pour le coup, resté étrangement seul. Il n'y avait pas grand monde finalement. Peu de visages attirants, mais des gestes toujours, dont j'ai commencé à constituer une collection secrète. Personne ne pourra me les chiper, ni les consulter à mon insu. Je la porte avec moi comme si, dans ce puzzle mouvant, j'essayais de reconstituer un (film) idéal, le parchemin sacré de la vie sur la terre. Ce jeu peut être terrible, il exclut l'être et ne retient que des mouvements. N'engage à rien. Ne demande aucune foi, ni cœur. Il vous plaque à la vie, comme ces visages des métros de grève. Il vous place en perdition, la tête ouverte. Exactement, ce que je cherchais.

Le restaurant est un univers de poses, où le corps vient dédoubler le jeu des conversations. À cette table proche, cette femme porte sa main à la nuque. Sa main ? Non, juste quelques doigts. Elle masse un instant un point qui semble appartenir à l'imaginaire. Cela dure quelques secondes. Puis elle reprend le fil de sa phrase. On devine alors qu'elle a été touchée par une sensation, une réflexion, un regard qui n'est pas forcément le vôtre. Il est peut-être venu de l'arrière, sur le côté. Le souvenir d'un autre homme. Elle seule le sait. Elle seule connaît précisément ce qui, à cet instant, l'a saisie imperceptiblement. Vous la regardez. Vous n'en saurez rien.

Au petit matin, le train était sagement aligné sur le quai, il était temps de revenir.

11

Lorsque les péquenauds financent les élites bien-pensantes

Cette rive gauche a toujours eu un rapport étrange avec les nourritures. Trop d'Histoire, de culture et d'université l'ont basculée vers le spirituel, et d'autres plaisirs que ceux de la table. Certes, il y a bien une grosse poignée de bistrots concluants mais la rive vogue ailleurs. Le VIIe étant le plus étourdi dans le genre. Bien sûr, il y a l'Arpège d'Alain Passard, mais j'ai renoncé depuis belle lurette à suivre les propos éminemment sympathiques d'Alain Passard, chef extra. Loin des autres faisant l'unanimité, il s'agit d'un homme doux, clair, sans ego envahissant. On ne le voit guère. Il ne fait pas de livres, il n'a pas de succursale, il préfère s'occuper de ses légumes et de ses clients. Ce qui est chagrinant chaque fois, c'est le décalage entre un discours et l'assiette. Une fois, je m'étais juré de tout réunir pour piger l'axe de cette carte inclinée chaudement vers les saisons et les légumes. J'ai attendu le printemps et, quelques jours après, j'ai décroché une table. Patatras, le menu était encore à l'hiver avec quelques somptueuses aberrations comme la truffe noire et une fondue d'oignons.

Pour ses clients, Passard joue même parfois les mécènes. Souvent les adeptes de cette adresse me houspillent et implicitement me demandent de rejoindre leur club. Alors que d'autres fameux restaurants sont entretenus comme des courtisanes par de puissants groupes hôteliers, Passard, c'est tout le contraire. Disons que c'est lui qui paie les échéances de la banque, repasse ses chemises, et rétribue ses salariés. De nos jours, c'est joliment déconcertant. Or donc, il a un petit club d'habitués constitué comme vous l'imaginez d'habitués et, bien sûr, de journalistes lorsque ceux-ci pensent à payer. Cela m'a toujours un peu froissé. Non point que je souhaite faire partie de ce cénacle, mais j'en ai déduit que pour offrir des tarifs avantageux à ces privilégiés il fallait bien que d'autres clients paient le prix fort. À commencer par vous et moi ; ceux qui n'ont pas la « carte ». Si l'on a bien compris, ce sont les péquenauds finalement qui subventionnent les élites bien-pensantes. Et c'est là où l'Arpège devient une table paradoxale. Car trois étoiles au Michelin, d'accord. Mais une assiette de pommes de terre délicatement fumées au bois de hêtre (42 euros), fussent-elles belles de Fontenay, ou un turbot de Bretagne et trois carottes à 100 euros, c'est un peu carabiné. Je ne parle pas de la carte des vins dont c'est devenu un lieu commun de dire que les tarifs sont ahurissants. Ni des tablées régulièrement inconfortables. Chaque fois, j'hérite d'une place dans le passage avec les commentaires techniques des serveurs au-dessus de la desserte, ainsi que le dossier de mon voisin arrière. Impossible de s'endormir tant le passage du service vous réveille toutes les quatre minutes. Dans une cuisine de haute simplicité (il faut tout de même être gonflé pour monter au front avec trois patates et une sauce écumée : bravo !), on attend sans doute plus de paix, d'esthétisme (le turbot et ses trois carottes en doigts coupés n'était pas une réussite). L'Arpège, oui, pour son pigeonneau parfaitement cuit, la douce musique des plats simples et bons, mais on voudrait parfois que cette sérénité gagne les additions. On voudrait une sorte d'unisson, de paix délicieuse, de nirvana gourmand qui ressemblerait à Alain Passard. Qu'on lise ici une déclaration d'amour, d'admiration, et non quelques punaiseries dont on voudrait réduire toute critique à l'égard des grands de ce monde. Il réunit les habitués et ceux qui ne pourraient jamais. Ce soir, pas de beaux gestes en vue. C'est mauvais signe, comme de ne pas lire pendant une semaine, de ressortir d'une librairie sans livre, on a l'impression que l'on ne fonctionne pas bien. Que les batteries sont à plat.

À la limite mieux vaut encore aller chez Thiou, dans le VIIe, au moins, on croise une vraie tranche parisienne, joliment exaspérante mais conforme au luxe ostentatoire prôné ici. L'adresse est valable, gentiment surcotée, et bénéficie de la protection des dieux. Il y a quelque temps une solide histoire d'empoisonnement passa à l'as tant on ne voulait pas croire qu'un établissement aussi chic puisse être aussi périlleux. En attendant ma convive, je suis allé me laver les mains et, dans le dédale des miroirs, j'ai involontairement pu surprendre son arrivée. Elle a vérifié le boutonnage de sa veste et puis, dans la complicité des glaces, elle a donné du volume à ses cheveux. Comme si elle voulait relever le son de sa mélodie. Ce geste reste une énigme, car sa tête, pivotant de droite à gauche, a fait « non ». Elle s'est regardée d'un air entendu. Puis est arrivée comme un étendard.

Le dîner allait être épique. Au milieu d'une très belle clientèle revenue de Thiou, dans une atmosphère fatiguée *so snob*, nous nous sommes embarqués sur une tarte aux langoustines. On commence donc à manger, tout en devisant. Mais il y a bien un moment où la bouche veut exister. Or, il n'y avait ni langoustines, ni tarte. Mon voisin avait pris la même chose et au bout de quelques bouchées sentit lui aussi qu'il y avait comme un problème. Lui manquait-il une dent ? Une langue ? Son cerveau avait-il perdu son assise lexicologique ? Rien de cela. Le plus courageux de nous deux (ma pomme) demanda l'aide sémiologique du serveur. C'était en fait une erreur de commande. Il n'y avait effectivement ni langoustines, ni tarte. Mais des aubergines enroulées de fromage (ou un truc comme cela). Morale de l'histoire ? Paris reste la capitale des gogos mais aussi des rêveurs. Des imaginatifs. On fantasme toujours sur la table, on lui prête mille desseins. On s'y étourdit, on prend des vessies pour des lanternes.

Dans cette rive gauche que l'on n'arrive jamais à ranger (comme partout, une rue contredit l'autre), il faudra donc aller dans les coins et recoins chercher son bonheur. Finalement, cette rive gauche ressemblerait à une sorte de Bretagne dont elle héberge la gare de chemin de fer. Comme la cuisine bretonne, elle est rentrée, discrète, efficace. Elle ne songe pas à émerveiller, claquer des mains, des doigts, des pieds et des dents. Elle donne sans ordonner. Elle file doux. Où cela ? Rue de Verneuil, au Cinq Mars, bruyant comme un restaurant anglais, mais solide sur la matière, généreux et tonique. L'Épigramme, rue de l'Éperon, avec ses plats décidés, et des petits miracles comme ce lièvre à la royale sorti en plein hiver fumant de son terrier. La table d'Yves Camdeborde n'est pas loin. Vraie belle cuisine délurée, pleine de bon sens, même si le menu unique du soir, imprimé comme un banquet de communion, impose des rythmes étirés, un peu longuets, c'est finalement la plus belle illustration de la cuisine parisienne. Simple, bonne, inventive mais tout en restant proche des produits, de la bonne humeur. J'allais dire de la ville et c'est vrai que celle-ci entre à pleins bouillons. Le soir, c'est le vrai bonheur de Paris que de dîner à la terrasse. Il y a le sac et le ressac des Parisiens et des Parisiennes, les uns rentrant, les autres s'en allant au spectacle, à la noce, au cinéma. C'est sans doute ainsi que l'on saisit l'authenticité d'un restaurant, car il y a là une harmonie, une cohérence impalpable mais évidente, constante. La vie est tout autour, le plat ne ment pas. C'est toujours noir de monde mais celui-ci est tenu d'une main experte, Jean-Luc. Il appartient à ces maîtres d'hôtel invisibles, mais faisant coulisser sa salle avec la vista d'un timonier. Sans doute l'une des meilleures adresses de Paris.

10

On devrait apporter l'addition avec un gant à four

Sur cette même rive, voici un autre cas : Hélène Darroze. On me prête un contentieux personnel avec elle. C'est vrai, ça arrangerait tout le monde. Du coup, les papiers seraient vains, cousus de fil blanc. Hélas, la réalité est beaucoup moins intéressante. Rien. Pas de lézard. Rien (j'vous jure). Juste des expériences.

L'avant-dernière fois, ce fut un vrai « patatras », avec un accueil d'acier. On nous réclama le numéro de carte de crédit, avec captation de 120 euros à la clé si on ne trouvait pas une « excuse valable » en cas de désistement. Après un papier relatant cette histoire tordue, on a dû se rendre compte que la pratique était un peu fort de café (et gentiment illégale). Du coup, lorsqu'on nous a annoncé la création d'un Boudoir à la même adresse (fermé depuis), rue d'Assas, inutile de dire que réservation fut prise un petit mois plus tard, le temps que les magazines se pâment et que les places se libèrent. Ne pensez pas pour autant que nous y sommes allés avec la tondeuse à gazon. Non, rien n'est plus réussi dans ces configurations que de faire un papier très positif. Tout le monde est pris à revers, la goélette vire soudainement de bord, et les mauvais esprits se prennent la bôme en pleine poire.

À 21 h 30, nous étions donc debout devant le pupitre de réservation, notre table était libre dans un petit boudoir un peu sommaire, très chaud, éclairé durement, avec une bonne programmation musicale (mais un son digne d'un jouet pour enfant). À 22 h 20 se pointaient enfin, sur une assiette de créateur, ces fameuses bouchées « gourmandes et sensuelles » à prendre avec les doigts seulement (les couverts sont bien entendu refusés). À cette heure-là, l'appétit dévale. Pas évident avec ces bouchées allusives, un lancinant *coitus interruptus* pas inintéressant, voire désarmant avec ses contresens : la truffe noire – hors saison –, alors qu'on chante sur la carte le contraire : la « patience » (l'attente du produit à sa juste saison...). Tout cela laisse le dîneur (voire le soupeur) sur sa faim, vaguement écœuré (ce qui n'est pas si grave), insatisfait (non plus). Ce serait resté anecdotique, vaguement parisien. Il enthousiasma ma compagnie, une lolita grave que tout enchanta. Aux innocents la bouche pleine. S'il n'y avait eu l'addition à prendre également du bout des doigts : 220,50 euros ou, si vous préférez, 1 446 francs pour les malentendants. On devrait l'apporter avec un gant à four.

Parfois, Hélène Darroze doit se demander pourquoi elle suscite autant d'avis contrastés. Un jour, la voilà cuisinière de l'année, le lendemain on la carbonise pour un repas décevant, des additions cinglantes, un accueil hautain très relais et châteaux années 90. À force de ne plus savoir, on évite d'y retourner, de conseiller cette adresse tant les retours sont des plus aimables aux plus désobligeants. Cela dit, personne ne vous interdit d'y aller. D'abord, l'accueil insolent et narquois au téléphone est devenu des plus doux. On ne vous impose pas des horaires. Le chien de la maison ne trône plus dans l'entrée comme le filtreur de service, c'est donc avec plaisir que l'on grimpe les étages. Le service est devenu plus avenant, moins clinquant dans son ostentation. La sommelière est même bigrement avisée, ne pigeonnant plus comme naguère, mais préconisant des vins à 50 euros. Et de surcroît bons (un faugères rouge Cistus 2004 et un cahors clos Triguedina 2000). Et l'assiette ? Celle-ci est fidèle à un dispositif charmant, fait tout en douceur et sans franchement de profondeur à l'instar d'une coquille Saint-Jacques (une... à 39 euros) avec un jus battu, une petite salade de pignons ou encore un bouillon de homard, volaille façon vietnamienne. La palombe flambée (65 euros) elle-même louvoie entre le charme (un gratin de potiron trop relevé), et le propos (un assaisonnement trop violent) et passe sans esbroufe – ni souvenir – le cap. Desserts courtois (un baba à l'armagnac), voire loupés, une composition chocolat-cumin-caramel au beurre salé, beaucoup trop dure et marquetant les dents. On le voit, un dîner honnête, réalisé avec beaucoup de bonne volonté, servi avec une vraie gentillesse. De là à revenir « furieux », cela paraît exagéré et sans fondement ; quant à la nommer chef de l'année, cela appartient aux songes ubuesques d'une gastronomie perdue dans son onanisme déliquescent.

Finalement, on se surprend à miauler alors que l'on devrait battre des mains. Voici, Fish La Boissonerie, anglo-saxon en diable dans ses compositions sucrées-salées mais violemment assommées par une carte des vins prodigieuse. Tout près de là encore, rue des Grands-Augustins, au Kitchen Galerie, une table réactive et follement enjouée. Lorsque l'on voit le brouhaha actuel de la gastronomie avec les dieux qui se fâchent, les théoriciens qui se serrent les coudes, les inquiets qui voient le mur arriver à toute blinde. On est assez d'accord avec eux, et cette lassitude partagée pour la tyrannie des amuse-bouche, la dictature du timbre-poste. À quand des cabines d'essayage pour les futurs plats de nos génies ? Pour une fois, la cuisine sort du gastronomiquement correct et rien n'est plus plaisant de découvrir des cuisines libres, désarmantes. Certes, il y a des trop malins qui parasitent l'espace avec une complication décroisée de la simplicité ; l'exemple type restant le caïd des brumes, Gilles Choukroun à l'Angl'Opéra, proposant l'intitulé du plat dans son envers. On ne devrait pas tarder à avoir l'assiette posée à l'envers avec le plat à admirer en transparence.

Non, ce qui nous enchante, c'est le métissage des idées à l'instar de la cuisine pratiquée par William Ledeuil, dans son Kitchen Galerie, nous y revoilà, rue des Grands-Augustins. Des spécialistes font la fine bouche lorsque je défends cette adresse. Pas assez ceci, trop de ça. En tout cas, c'est drôlement bon, souvent s'enfonçant dans les latitudes comme l'on écarterait les branchages d'un sous-bois. Il y avait l'autre soir en entrée du jour un bouillon d'une limpidité épatante : des cèpes, des girolles, de l'artichaut, de la roquette. C'était d'autant mieux que dehors les prémices de l'automne arrivaient, des buées, des cieux un peu bas, les coloris des vêtements, leur épaisseur. Rien de tel que l'adéquation d'un plat avec un lieu, une saison, une lumière. Ensuite ce fut un pageot de ligne avec miso, de la citronnelle, un peu de poivrons calimeros, des fleurs de coriandre. Difficile de savoir si William Ledeuil tient un propos, il ne parle pas, il agit. Il préfère l'ombre aux faux éclats des spots, la discrétion à l'exhibition. En fait, il travaille pour nous à l'image de son équipe en salle. Laisse choisir les vins par ses directeurs de salle (Cédric Maréchal, Jérôme Taverny) plus pour leur plaisir que pour l'étiquette, témoin ce Mas de l'Écriture, en Languedoc-Roussillon (43 euros) qui nous allongea pour le restant de la soirée.

Ce soir-là, je ne sais pas ce qu'elle avait, mais elle garda longtemps le doigt sur ses lèvres. Comme s'il refrénait le mot qui tarde à venir. Qui la tenait en laisse. Il lui disait peut-être : je veux rester dans ma bouche. Rester sur tes lèvres (il est à l'index). Ne me quitte pas. Elle écoutait ce que je lui disais. Son doigt est toujours là. Que retenait-il si longtemps ? Un plat arriva, le doigt rejoignit la main. La main, les couverts.

On voudrait que la rive gauche reste la rive des brasseries, cette vitalité écumante, cette vie accélérée où tout le monde singe son rôle : les serveurs qui en rajoutent, les clients également. Il y eut des années de grâce, elles ont disparu, elles reviendront. Non point que les nourritures y étaient extraordinaires, elles cahotaient plutôt de façon banale. Il y avait une sorte de zone franche dans ces vastes paquebots. Je me souviens encore des après-midi interminables passés dans la Coupole. J'y avais vu Mick Jagger arrivé tout seul au volant d'une R16 gris métallisé pour retrouver Bill Wyman. Lorsqu'un groupe s'empara de cette enclave bénie des dieux, une époque s'en alla inexorablement. Étant plutôt enfantin dans mes promesses, j'ai promis de ne plus y remettre les pieds. Je tiens bon, cela doit faire quinze ans maintenant. Le monde de la brasserie s'est évaporé sottement. Des frites pâlichonnes ici, des plats consternants là-bas (le souvenir d'un poisson sur une compote de pommes à la Lorraine), un service parfois grincheux chez Lipp... On continue ? Un poulet momifié au Balzar, un service et des plats si ternes au Zeyer. Remarquez, c'est un genre : les garçons non désodorisés, les entrées réfrigérées du matin, les produits aux goûts mièvres, les desserts en kit, les additions à prix de restaurant de luxe. La brasserie, c'est hélas triste à dire, n'est plus ce qu'elle était. Elle somnole dans notre imaginaire. C'est un film que l'on se joue. Il est réalisé par Claude Sautet, on fredonne du Bach, les amis sont là, le vin est frais, les plats ont de la cuisse, du corsage. Et pourtant, la brasserie sait être par instants ce lieu de poésie parisienne, un poil magique, bienveillant, heureux : un poulet rôti chez Lipp (l'ambassade des deux vitesses), des garçons pleins d'esprit et de gentillesse (Vagenende, Balzar, la Rotonde Montparnasse, l'Alcazar), des plats épatants (Chez Flottes), une vraie carte des vins (Chez Flottes, encore). Mais pour le reste, le style est à la traîne. En cuisine, les chefs (lorsqu'il y en a, la plupart du temps ce sont des réchauffeurs ou des décongélateurs) sont égarés avec des assiettes qui tordent du nez. Les patrons veulent se piquer de nouveautés mais les cuistots savent rarement en quoi consiste la juste cuisson d'un thon (presque cru sinon c'est désespérant de sécheresse), des sashimis, le wok (la cuisson brève et violente des légumes). On pourrait également fustiger les économats d'acheter au plus bas, de supprimer les postes en cuisine, de faire appel à des laboratoires extérieurs. Mais bon... L'art de la brasserie est si simple : des terrines artisanales, des plateaux de fruits de mer scintillants d'iode, une bonne choucroute parfumée et ample dans ses variations ; une belle entrecôte avec des frites abondantes et fières ; des desserts fessus écumant de générosité. On voudrait également plus de temps, moins de garçons à la gentillesse accélérée, à l'accueil dopé à la vitamine du marketing (cette même sollicitude factice de plus en plus répandue). L'instant de la brasserie, c'est cette fausse accélération de la vie, les interpellations des garçons, les longs tabliers immaculés, le pain que l'on tranche, une sorte de bonté lorsque le jour n'en apporta guère. Le genre reste à réinventer. Personne ne nous retirera la volonté de vouloir un beau jour revenir en brasserie, prendre une belle table et passer du temps. Ouvrir son journal, y trouver de réjouissantes nouvelles. On y lirait le retour des bonnes brasseries.

En attendant, on se replie sur ces adresses solides, extraites du brut, de la roche, de la carcasse. Prenez le Severo, rue des Plantes. C'est curieux, cette adresse a une réputation sinusoïdale. Le patron aurait ses têtes, ses humeurs (ce qui est une évidence)... Après deux ou trois visites, j'ai eu du mal à localiser ces variations tant le maître des lieux est à son affaire, une vingtaine de couverts avec, dans la cuisine ouverte, un cuistot tout à ses cuissons. Il bosse tête dans le guidon, les tablées becquettent. Bref, le paysage habituel de la restauration parisienne. À cela près que la carte des vins est ici exceptionnelle et les viandes de première qualité. Ce qui constitue, on l'aura compris, une adresse redoutable. Pas spécialement porté sur les viandes, parce que ces dernières me réveillent la nuit, il faut vraiment qu'elles allient saveurs, fondant et caractère. C'était le cas avec ce filet exquis, superbement saisi, accompagné de pommes de terre rissolées. C'est drôle, mais parfois on attend d'un plat juste la réponse à son intitulé, son premier degré et surtout pas de variations. Comme si, le reste du temps, la cuisine et les chefs en usaient trop à leur aise, prenaient la tangente, nous embarquaient dans leur chemin. Et pas dans le nôtre. La carte des vins est vaste et solidement serrée sur une spectaculaire ardoise. Elle occupe tout un pan de mur. Et croyez-moi : elle est impressionnante. On pourrait même dire qu'à chaque ligne cela pétille, rebondit, interpelle. Accompagné ce soir-là de trois têtes brûlées, avides de connaissances et de sensations (disaient-ils de façon un peu trop suspecte), il n'est pas nécessaire de vous conter la fin de la soirée. Et c'est presque un miracle que je me sois retrouvé indemne, allongé dans mon lit à l'issue de cette soirée, les yeux lourds, les idées en vrac, le cap aux abonnés absents. Parfois par intermittence, il me semble qu'il y avait là d'excellents fromages (du saint-nectaire) sans comprendre pourquoi nous avons tous terminé sur une mousse au chocolat alors que les vins fusaient avec grandeur, effusion et majesté. Il me semble avoir dit des choses tellement incongrues que, pendant quelques semaines, j'ai évité de séjourner sur la rive gauche.

9

Le dessert doit se demander ce qu'il fabrique dans une telle verrine...

Dans le XVe, l'arrondissement des premiers jobs, régulièrement, on tombe sur des adresses venues de nulle part. Que fabriquent-elles ici ? Allez savoir. Les cuisines étrangères ont souvent bon dos à Paris. Elles profitent du narcissisme cocardier pour refourguer le gloubiboulga de cuisine dont personne, paresse faisant, n'ira gratter l'authenticité. Combien d'Italiens, de Japonais, d'Espagnols, de Thaïs se faufilent à travers les mailles, le sourire aux lèvres, la facture dans la main, un sac de surgelés dans l'autre devant des clientèles qu'un rien esbaudit (Paris, rappelez-vous, reste la capitale des gogos). Aussi, lorsque sur l'ordre de mission il était mentionné Mazeh cuisine iranienne, il y avait tout lieu de mettre son casque d'explorateur et ses lunettes d'observation. Les premières impressions restent toujours les meilleures. Ici, dans un fin fond du XVe, le restaurant est d'une propreté à laisser contrariées nos adresses nationales. Grosso modo, il n'y a pas à se tromper, lorsque tout est propre, par une sorte de capillarité naturelle, la cuisine l'est, les intitulés également (le mental du chef probablement ; son garage aussi). Dans cette logique du nickel, on aurait pu penser que le service était assuré par des garçons savonnettes. Pas du tout, voici un grand gaillard d'une gentillesse et d'une courtoisie sans pareilles. Rien de forcé (cette euphorie commerciale des chaînes de restaurants), non, quelque chose de naturel. Du coup, on se détend, on se sent pour ainsi dire ailleurs. Au Mazeh, il y a des soupes de belle facture. Même si ma voisine fit la grimace au-dessus d'une jolie composition d'oignons, de légumes secs et d'agneau, c'était tout de même rudement bon, bien épais, servi un poil bouillant (c'est toujours la barbe, on fonce comme des imbéciles, on recule violemment, on emboutit le dossier de la chaise). La belle surprise de cette soirée, ce fut le riz. Pour accompagner des brochettes somme toute interchangeables (agneau, poulet au citron, bœuf, saucisses), il y a des riz divinement parfumés comme notamment celui aux airelles. C'est délicieux, d'une grâce rustique déconcertante. Il y a comme une magie douce, tellement bienvenue. Quant au dessert, roulé à la crème chantilly, il s'avéra totalement insipide, catégorie nulle, section sans espoir. Qu'importe du reste, un dîner ne change jamais le tour d'une soirée, chaque détail, chaque geste emporte tout sur son passage. Les plus anodins, les plus fugitifs. Au matin, elle me parla sur le pas de la porte. Il faisait probablement beau. Nos pensées étaient ailleurs. Dans ces entremêlements singuliers où vous mettent la fatigue et les perspectives soyeuses. À vrai dire, vous ne l'écoutiez pas vraiment. Lorsque de son chignon matinal, une petite mèche s'est détachée. Elle était si désarmante, si gracieuse dans sa spirale improvisée. C'était juste un signe, un *forget me not*. Comme un index qui vient gronder (fais attention à toi, fais attention à moi). Elle la replaça tout en faisant glisser la clé dans la serrure.

Parfois, le programme du journal est cocasse. Les thèmes varient au gré des saisons. Parfois, lorsque les girolles ou les mirabelles ne sont pas encore là, il faut trouver des idées. Celle-ci par exemple : aller dîner au cinéma. Cela fait partie de ces douces antinomies parisiennes. Quelle drôle d'idée tout de même ! On aurait pu avoir dans le genre : les restaurants avec porte, les tables dont le nom commence par A. Aller dîner au cinéma, c'est comme aller chercher sa voiture en train, regarder la télé dans une librairie. Un paradoxe que même le cinéma se plaît à rappeler. Souvenez-vous du film de François Truffaut, *La Nuit américaine*. La scène se passe à Nice. La fiancée de Jean-Pierre Léaud lui propose d'aller se taper la cloche dans l'arrière-pays où, paraît-il, fourmillent les « bonnes petites adresses ». Léaud sursaute et répond grosso modo : « Quoi ? Se taper des bonnes petites adresses, alors qu'on a la chance d'être à Nice avec au moins 25 cinémas à visiter ! Peut-être un sandwich entre deux séances, mais c'est tout. » Tout est dit, la toile élude la nappe ; un film nourrit son homme. La tête est dans ses songes, comment voudriez-vous alors qu'elle se laisse tutoyer par une tête de veau ? La salle de L'Entrepôt est mythique et l'on ne dira jamais assez combien fut admirable Frédéric Mitterrand de se lancer dans cette aventure (un complexe cinématographique avec librairie, salon de thé et restaurant) et d'y avoir laissé plusieurs kilos de plumes. Aujourd'hui encore, il existe ce souffle venu de naguère. La carte énonce clairement un doux projet, celui de faire une cuisine naturelle en fonction des saisons, et se veut rythmée par les solstices et les équinoxes. Du reste, les plats, même si ce soir-là ils mirent un temps fou à venir, sont plutôt bonhommes, pleins de bonne volonté à l'instar de ces travers de porc accompagnés d'une purée de patates douces au gingembre. Les températures sont un peu bancales (l'assiette est froide, la purée tiède, la viande chaude) mais ça passe, il y a, c'est certain, une envie de bien faire. Finalement, c'est sans doute le meilleur chemin pour concevoir une bonne table. (Faut-il encore ne pas oublier de s'y rendre.) En dessert, on proposait ce soir-là un tiramisu à la mangue. On passera sur l'association, pas absurde au demeurant, mais dénaturant le propos initial du tiramisu. Pourquoi s'appuyer ainsi impunément sur une solide réputation pour glisser un autre message ? Cela rappelle les expositions de photographies accrochées aux grilles des jardins du Luxembourg. La saisonnalité (nous étions en hiver) peut également choquer les partisans d'une approche ayurvédique ; mais, bon, en bec, le dessert se prélasse peinardement. Il n'a que faire de tous ces arguments. Il doit seulement se demander ce qu'il peut bien fabriquer dans une verrine, sorte de cage à Medrano de la cuisine actuelle. La clientèle y est joliment déliée en tweed, réflexions ouatées et belles tessitures de voix. Bande-son dédoublée en milieu de soirée par le café-théâtre voisin et ses à-coups euphoriques.

8

Ce fut un tel hourrah de félicité

Dans ce même quartier, il y a toujours cette table culte de l'idolâtrie mitterrandienne, L'Assiette de Lulu Rousseau. Elle devait fermer. Lulu pensait prendre sa retraite mais les nouvelles dispositions de la loi Fillon l'ont poussée à remettre le doigt dans les casseroles. Après une grosse contrariété, Lulu a renoué le tablier. Elle a voulu rompre avec son passé, quitter le luxe inouï que lui permettaient ses clients avec une carte étincelante de produits hors pair. Finies donc les additions dodues, place à de nouveaux horaires et à un menu tout simple le soir. Un potage, une entrée, viande ou poisson, fromage et dessert. Simple, quoi, c'est le nouveau chic. Les idolâtres ont toujours le cœur qui bat en entrant ici, et pour cause, l'homme au feutre noir y eut ses habitudes de 1988 à 1996. Sa table était le long de la vitrine à gauche (donc). François Mitterrand n'aimait pas tellement les gibiers, il aimait les choses simples mais bonnes. C'est un peu le résumé de la cuisine de Lulu, pionnière de l'esprit bistrotier de qualité, trente ans avant la vague des bistrots gourmands. Il réglait toujours ses additions en liquide. Il fit même rouvrir le restaurant un jour de fermeture, lorsque son ami Helmut Kohl vint à Paris. Mitterrand n'avait pas de plats préférés, il suivait le marché, laissait faire Lulu. « Il était là », disait-elle en pointant une table vide. À gauche (donc) en entrant. Il n'avait pas d'habitudes culinaires, passait toujours en cuisine voir ce qu'il y avait. « Un jour, dit la cuisinière, je lui ai demandé ce qu'il rêvait de manger chez moi. Il a cherché puis m'a répondu : du gratin dauphinois. Mais attention, précisa-t-il, avec de la crème. » C'est comme si on demandait : une poire Belle-Hélène. Mais attention, avec de la poire. Six mois après, Lulu déposait son gratin sous un regard complice et reconnaissant. Lulu continue de montrer des tablées. Là Bergé, là Benhamou, là le chauffeur, le garde du corps. Ce dernier viendra récupérer une gravure représentant son protégé.

Le menu est unique mais pas obligatoire. Ouf, on l'a échappé belle ! Les menus à sens unique et à rallonges, c'est un peu pénible. Sous prétexte de faire plus simple, les chefs habités par un soudain remords ont tendance à ajouter un plat. Du coup, le repas qui avait pris de l'aile se ramasse un coup de plomb... Rien de tel, surtout en hiver, de débuter un repas par une note chaude. Si vous saviez comme l'estomac adore ce genre de petite douche : il se détend, s'ouvre, il est prêt à affronter la suite. Arriva alors un gâteau landais, plat des années 80, c'est Lulu qui a appris à José Lampréia (*wonder boy* de la Maison-Blanche, happé si tôt) ce gâteau de pommes de terre désarmant de simplicité gourmande. Le foie gras est présent mais ne vient pas faire le pacha. Il teinte, enrobe, soulève le plat, laisse la place à la pomme de terre. Vous en connaissez, vous, des compositions aussi démocrates, sensées et tout simplement « bonnes ». Avec le paleron de bœuf, la viande est agréable, longuement détendue ; les purées sont alignées dans un dispositif tricolore. Mais le plat fait un peu pensionnat de grandes personnes. On n'a plus la fougue de Lulu, sa générosité. On va probablement et justement râler. La simplicité en dessert est devenue une denrée rare, les pâtissiers ont l'ego tellement douloureux qu'ils nous prennent le chou (quand ils n'ont pas le melon) avec des compositions mentales et quasiment imbouffables. Aussi, lorsqu'une glace vanille toute simple arrive à température (0 °C), on se demande où se cachent le vilbrequin, la triple moquette au chocolat et l'harmonica de meringue.

Finalement, je suis reparti à l'aventure. À quoi bon s'enfermer dans la tête de veau, se refroidir à la glace à la vanille. D'un Orient extrême, j'extirpais une pâtissière venue découvrir l'Europe. Le ravissement était son fort et je garde en mémoire cet étrange moment où un beau jour l'automobile de location franchit la frontière franco-espagnole. Ce fut un tel hourrah de félicité, une telle sarabande des pieds sur la moquette de la voiture que je réalisai qu'il existait encore des archipels de candeur et de bonté de par ce monde. Cet événement devant être salué, réservation fut faite illico à la Tour d'Argent. Cette Tour, on la croyait disparue. Elle était juste rudement cabossée. Le siècle dernier lui retira une étoile (1996), le suivant ne fut pas tendre : la disparition de Claude Terrail et la perte d'une autre étoile (2006). Ce jour-là, un mercredi soir, la salle était pleine pour la réouverture, après trois ans de travaux et un sérieux coup de plumeau en cuisine. Il faut le savoir, le spectacle démarre très tôt ici. Dès l'ascenseur. Cela dure à peine quelques instants. Le temps de rejoindre votre table dans un fabuleux travelling. Paris est sur vos genoux. Pensez à consulter les horaires du coucher du soleil. Sa disparition étant annoncée à 19 h 41, nous étions presque seuls alors dans la salle. C'est émouvant comme un Te Deum. On en oublierait de manger. C'est dommage car la carte a une belle qualité, la fidélité, c'est-à-dire célébrant le canard dans tous ses états. On a glissé ici et là des épices à la mode, du citron yusu, du vadouvan et du chou chinois, mais cela reste sage. Entrées vaillantes comme une poêlée de cèpes ou des belons gratinés. C'est bien, cela ne casse pas trois pattes (à un canard, désolé) mais il y a là une sincère application, un vrai rendu. Le canard, c'est quelque chose. Le célèbre caneton vendu à plus de soixante-dix exemplaires par jour. Le produit est formidable. Il provient de la célèbre maison Burgaud, de Challans. Le seul problème, c'est qu'il est ensuite géré de façon discutable. Sachez que les canards numérotés de la Tour d'Argent sont précuits par souci d'économie. Votre bestiole arrive ainsi avec une longueur de retard, elle a perdu de sa superbe, de son jus. Elle devrait être découpée au guéridon comme le montre une gravure d'époque, hélas, ce grand moment de la restauration se fait en catimini. Avec un peu de recul, on peut se demander pourquoi tant d'enthousiasme pour une assiette si peu sexy. Une masse brune (la sauce avec foie, sang et épices) et les magrets émincés. Une messe cachée sous un drap de velours noir. Il faudrait fermer les yeux, mais on n'y arrive pas : la clientèle est indescriptible. Un tourtereau avec une caille nippone, un trio du CAC 40 épuisé par la vie, un vieux couple en admirable décomposition silencieuse, une tablée de contents, des couples encore, des carnations, un concentré de hall de grand hôtel. Et puis le service, arborant ses cernes comme des armoiries. Il y a toutes les tailles, comme dans un magasin de chaussures. Souvent, ils sont prévenants, d'autres font les gros yeux, les plus jeunes les imitent. Il fut un temps où le clou du spectacle était l'arrivée de Claude Terrail. De sa voix à la Fantômas, il émettait un « bonsoir madâââme, bonsoir monsieur » à vous glacer les sangs, mais vous gardiez son passage comme le sceau sacré de la gastronomie. C'est par hasard qu'il prit la suite de son père, André Terrail. « On m'a kidnappé, tonnait-il aimablement, j'ai été piégé. Je rêvais d'être acteur. » Alors, il s'était laissé embastiller dans sa Tour d'Argent. Il en avait fait son théâtre, déployant admirablement l'art de l'accueil (recevoir, c'est paradoxalement ici donner). Entendre de lui un « bon appétit » faisait partie des meilleurs plats de Paris. Claude Terrail apporta beaucoup : de l'élégance bien entendu, une sorte d'aristocratie détachée, non dénuée d'un mépris grand bourgeois pour le personnel dont il attendait avant tout de la « docilité ». Son fils André, vingt-sept ans, lui a succédé. Lui aussi doit parfois maudire ses parents de l'avoir enfermé dans cette Tour d'Argent. Aujourd'hui, il s'essaie à ce rôle elliptique. Être présent sans être là, traverser la salle comme le siècle. Il apparut vers 22 heures. S'en alla admirer les cuisines dont l'inox récent faisait réfléchir plus encore son haut front intelligent. Puis il repartit. Pour redescendre sur terre, comptez sur l'ascenseur. Et l'addition : minimum pour deux : 600 euros.

7

Les touristes doivent se pincer en voyant des Parisiens si élégants

J'étais à deux doigts de l'inviter pas loin de là, à la Cigale Récamier. Piètre repas mais moment bizarroïde dans cet endroit spécialisé dans les soufflés. Vous souvenez-vous de cette bonne adresse, le Récamier ? Ses braves bobines, ses étagères de livres fayotant avec les habitués édités, les têtes connues et le patron, Martin Cantegrit, sorte de diable malin et sûr de ses coups. Un farceur doublé de soie, madré comme pas un, joueur, ironique et colérique. Du moins, c'est ce qu'il en ressortait. Et puis, il a vendu. Un restaurateur célèbre pour ses soufflés est venu ici même appliquer son autocollant. Cela s'appelle à présent la Cigale Récamier. Le décor a radicalement changé. Disons qu'on a rebadigeonné la salle, on lui a donné un coup de jeune, de glabre. On a retiré la patine, les boiseries et logiquement, lorsque de vieux bouts de bois ont été jetés à la poubelle, on n'a pas dû faire très attention. Dommage, c'était l'âme des lieux. Mais attention, cela ne veut pas dire que la nouvelle version en soit dépourvue. Disons que c'est différent, un peu maigrelet, on a resserré les tables. Mais c'est quand même bizarre : c'était mieux avant. Parce qu'on y avait sans doute des souvenirs. Il va falloir en reconstituer, on a la flemme. Et, pour être sincère, le film présent est moins sensible, les couleurs s'y gravent avec moins de franchise, les sons ont moins de basses, les visages moins de profondeur. C'est sans doute pour cela que le soufflé est un peu poussif, il n'a pas cette clarté invraisemblable qu'on lui connaît, cette sorte de petit miracle pâtissier, excentrique et désarmant. Là, dans sa version au fromage, il tourne en rond, ne se soulève pas franchement, fait ses pompes sans conviction et arrive en surface un peu penaud. C'est pas ça. Sous la moyenne, sous la barre. Le dessert est un peu mieux travaillé, dans sa version caramel, il se veut plus méritant. Mais, bon sang, qu'ils sont laborieux. La salade est minuscule, pour 4,15 euros, là, il ne faudrait pas pousser les grand-mères dans les orties. C'est disconvenant. Contrairement aux soufflés, le service fait son boulot. Vaguement gentil, un tantinet débordé, mais ça va. On imagine qu'il y a encore des représentants du monde de l'édition. Pour titrer ce papier, on trouva « Pfuit ! ». Ce fut mal pris comme le reste du papier et un déluge de lettres, gentiment orchestré, s'abattit sur la rédaction. Ce fut un assez joli concert de klaxons. Dans ces cas-là, que faire, s'excuser, expliquer. On est là au beau milieu de la route avec son polaroïd dans la main. Si on tente de baisser la vitre avant, les klaxons vont reprendre. Il ne reste qu'à continuer son chemin.

Ça tombe bien, dans le même quartier, il y a abondance de ces adresses qui composent avec le temps et la clientèle. Mariage Frères, par exemple. L'heure du brunch est un étrange moment. Il est déposé dans un coin improbable de la journée, en un instant où bien souvent une bonne partie du jour a déjà fusé vers d'autres ailleurs. Commencer à midi (heure généralement imposée à Paris), cela vous déconstruit joyeusement. Personnellement, désolé de vous décevoir, je petit-déjeune avant. Du coup, on se retrouve un peu idiot devant ces cérémonies au faux enthousiasme des petits matins. On a presque l'impression de mentir, de tricher avec toutes ces personnes réunies pour le rituel.

Il y a certes des brunchs. Mais chez Mariage Frères, c'est franchement différent. Difficile, et ce n'est pas plus mal, de venir mal rasé, en pantalon de survêtement, le journal sous le bras et l'humeur nuageuse. Non, ici, rue des Grands-Augustins, cela tient de la sortie de messe. Les clients sont tous nickel, cravatés, impeccables. À part quelques touristes qui doivent se pincer en découvrant des Parisiens si élégants, si réservés, c'est le grand calme. Il y avait bien une table de jeunes voyants parlant fort d'« aéroports », de « bagages » et autres slogans, le reste était d'un stoïcisme admirable. Des premiers de la classe qui, malgré l'âge, affichaient une conduite exemplaire. Bien évidemment, chez Mariage Frères, ce sont les serveurs qui portent l'étendard. Sortes d'authentiques friandises enrobées de lin blanc, ils sont superbes et participent à ce climat désuet extirpé d'un songe colonialiste ; une sorte d'excellence angélique, où le monde blanc portait sa race jusque dans ses cols empesés. Ici, aucune arrogance, une sorte d'armée de séraphins hésitant entre l'adolescence façon Tadzio, *Mort à Venise*, et un no man's land doux et amidonné. Ils pourraient être arrogants, bêcheurs et insupportables, mais ces angelots sont d'une vraie gentillesse, patiente et studieuse. Il faut dire que, face à une clientèle hautement VIe et légèrement gratinée, il faut des nerfs aussi solides que les cordes d'une harpe. Évitez de venir avec une faim de bûcheron, vous seriez désolé. Car, ici, le brunch a été taillé pour des appétits raisonnables, drapés de retenue : des œufs brouillés inoffensifs, du saumon moelleux, un petit taillis de salade frisée (attention au carré Hermès !), 8 centilitres de jus de fruits (pressé certes, mais quand ? À la minute ? On ne sait jamais) et quelques toasts de pain brioché avec de la gelée de thé. Cela dit, c'est consistant, aimable et d'une digestion docile. Le thé est excellent, abondant et délivre des humeurs du même coupon. À 64 euros à deux, quand on y pense ce n'est pas donné, un tantinet limite, mais on réalise que les musiques distillées ici (opéras, clavecins et autres musiques célestes) vous interdisent toute pensée mécréante. On s'y rendra avec un ange.

Ce quartier est impayable. Il alterne, comme un peu partout à Paris, le pas mauvais et le pire avec cette insouciance qui fait, dit-on, le charme de cette ville. On se promène dans le quartier Buci, on remonte vers Odéon. Le feu est au rouge, les bolides passent. On entre alors au Pub Saint-Germain, bizarre réflexe, mais il est trop tard ou plutôt est-on en avance ? Avant que ce lieu ne devienne un sanctuaire des années pop, que les nostalgiques de l'époque *Hair* ne viennent se prosterner en pattes d'éléphant, passons vite voir ce qu'est devenu ce temple des nuits 70, ce phare de la nuit posté en léger retrait du carrefour de l'Odéon, lieu troublant de la rive gauche, bancal et attachant, vaste échangeur de piétons à la recherche d'un Paris qui s'est fait la malle (tout à côté). Le décor a bien changé. Il fut un temps où il correspondait à son intitulé de « pub » ; vous connaissez le style Chesterfield et ses avachissements en tweed. Il en existe encore ici et là avec cuivres, solides bars, profondes banquettes capitonnées... Mais, ici, le temps est venu saupoudrer et revigorer l'espace façon années 2000. Ça en jette, c'est certain, mais cette fusion des styles (entre casbah, hôtel indien, ranch néo-suédois) est voilée. Le propos louvoie et surtout veut épater, exercice toujours délicat lorsque ce n'est pas bordé de partout. Expliquons-nous : les éléments doivent être en harmonie. Si les nourritures sont infâmes, le décor est valorisé mais les clients ne restent pas. Si les musiques, les plats, l'ambiance sont à l'unisson, il y a une cohérence. Et par là une adhésion. Si celle-ci existe ici, ce serait sur un leurre – qui capte au demeurant un large public –, un *middle of the road*, un passe-partout médiocre puisque, à chaque département, ça cloche un peu : les lumières à l'asthénie poussiéreuse, cette dimension *old fashioned* jamais assumée, les musiques FM. Et puis un symbole revendiqué, une bibliothèque en fond de rez-de-chaussée. Elle est vide. Logiquement, si vous avez bien additionné tous ces éléments, vous obtenez ce que vous avez commandé, à savoir, en ce mercredi, le club-sandwich. Il arrive avec une authentique bonne volonté. Il est abondant, sachant qu'il s'adresse à une clientèle très variée et notamment constituée de touristes affamés. Volumineux, il a hérité d'un bon toastage. Cela va du tendre blanc aux tons miellés avec le passage impératif au *brown*, preuve que le travail n'a pas été effectué les yeux en l'air. Ce que contiennent les tranches triangulaires de pain de mie est beaucoup plus banal. Cela ressemble au décor insipide : chiffonnade de salade semi-industrielle, poulet débité, bref un ensemble tartiné sans relief ni accent (absence de bacon). Petit bol de frites pour élever le débat et distraire la critique. Mais elles aussi traînent en peignoir et chaussons.

6

I'm bad

De temps en temps, il faut sortir de ses torpeurs, de ses murailles, se frotter aux autres, c'est comme une douche dans un été chaud. Rencontrer des gens. Les écouter. Les regarder. C'est la bonté de Paris. Au Soleil, rue de Grenelle, voici qu'arrive, comme propulsé par l'élan de sa moto, Philippe Starck pile à l'heure. Il se débarrasse de son casque, s'installe à table et, tout de suite, campe un univers. Pas le sien, le nôtre. Avant même qu'on lui pose une question, il part comme une toupie et décrit la table, ses mœurs et ses morsures. Il n'arrête pas, embraye, dépasse sans avertir et nous entraîne dans une vision bigrement tonique (et surtout plaisante) de la vie. Cela durera deux heures, comme s'il nous avait glissés dans son avion privé. On aura vu la terre d'en haut, le contour des villes, les cailloux de la plage. Philippe Starck mange de façon « volubile ». Ça tombe bien car, ici, c'est vraiment bon, dégagé. Les assiettes sont franches du collier. Starck demande un (vin) rouge « vulgaire et honnête », porte un toast pittoresque et poilant avant de citer son inspirateur, le comte de Champignac (Spirou).

Parfois, on voudrait grimper dans ses phrases, le suivre dans ses déraisons, élever, comme lui, des huîtres « cubiques » à Arcachon, par exemple... Il embroche, avec une méchanceté jouissive, les menus des grands restaurants, rêve de manger bon et sain. On est presque sur le point de monter sur la table, de brandir l'étendard de la révolte, d'être régressif, comme lui : « Parfois, j'ai faim. Toute la semaine, j'ai fait gaffe, j'ai travaillé, je suis fatigué. Alors là, ne m'emm... pas. Je veux un foie gras chaud, de grosses frites, je sais que je vais prendre des kilos mais je m'en fiche. *I'm bad.* » Il fuse, saute d'un continent à l'autre. On a peur de le perdre, puis il nous rassure : « Je suis un abruti, je ne regarde pas la télévision, je ne vais pas au cinéma, ni au musée, je ne lis pas les magazines, je suis loin du monde. » Philippe Starck est heureux, vivant, drôle et intelligent. Il doit en agacer plus d'un.

Le lendemain, ce fut une autre rencontre que j'attendais avec une âme de teenager. Frédéric Malle, le parfumeur. Il était pile à l'heure. Sa famille l'attendait en retrait à une autre table. Une vraie scénographie avec premier plan, contrechamp et tasse à café. Les auteurs de parfum sont un peu comme les écrivains. On ne devrait pas trop leur demander de nous parler de leurs travaux. Il faudrait les sentir, les lire. Et puis voilà. Ils nous regarderaient sans un mot. Après tout, ils ont fini leur travail. Sinon, vous entrez dans une drôle de conversation. Dans son élégance intemporelle, costume clair (en fait, tissus gabardine beige sable de chez Anderson & Sheppard), chemise à rayures (orange et blanc de chez Turnbull & Hasser), cravate (en soie tressée bleu marine de chez Ilditch & Key, Paris), il est lui aussi posé comme un livre (entrouvert). Le voir, c'est déjà entrer dans l'univers de sa dernière création, French Lover. Du reste, au cours de la conversation, ses réponses se croisent, se décroisent sur lui, sur le French Lover. Elles induisent une scénographie variable. Il bouge sur sa chaise, se recule, revient, twiste ses mocassins (Aubercy, rue de Luynes, à Paris). C'est même gênant de lui parler de lui. Son eau de toilette parle d'elle-même, il n'y a plus rien à ajouter. Ou alors, elle pourrait, non sans hésitation, nous parler des débuts compliqués, ses tâtonnements. Avec Pierre Bourdon (un des grands « nez » de la parfumerie française), Frédéric Malle s'était embarqué dans l'idée d'aller jusqu'au bout avec une création précédente « Angélique sous la pluie ». « Nous voulions la rendre parfaite, dit-il, c'était un schéma, un dessin avec tout son charme, sa légèreté, ses imperfections. » Mais ce parfum ne s'est pas laissé faire. Des mois de recherches, l'ingénue Angélique ne se livra point. Alors, l'épaule changea de fusil. Il s'agissait d'attendre. Frédéric Malle vivait déjà à New York avec sa famille. Rien de tel pour déclencher une nouvelle chimie du manque, de frustration de Paris qu'il soignait parfois en regardant des films. Un beau jour, en visionnant *Le Feu follet* (1963) de Louis Malle (son oncle), il eut cette vision soudaine de son futur parfum. Paris lui manquait. Lui manquait cet homme intemporel, que ce film très identitaire lui délivra dans un choc. Détail plus que troublant, Frédéric

Malle portait ce jour-là le même costume que le héros du film (Maurice Ronet en chevrons blanc et noir). Ainsi naquit French Lover. Et surtout ne bougez pas, le film va se débobiner : noir et blanc, tonalités beiges, ambiance jazzy, la NRF Gallimard, une élégance émanant juste de la personne : « Je déteste la mode pour homme, l'élégance devrait sembler sans effort ; le parfum devrait procéder ainsi, ne jamais déguiser mais dessiner. » Est-il besoin de soulever le capot de la voiture pour numéroter les durites et les cylindres ? Non, bien entendu. Juste deux mots, French Lover c'est deux blocs : essence de piments et karanal ; un choc de bois très dur, de silex presque, de l'angélique (la revoilà), du cèdre, vétiver, une collision d'encens et de patchouli (ça donne ce côté « gommeux »), du galbanum (*remember* Chanel 19). Tout cela fusionne (il dit « sertit »). Ça forme une boule (ses mains se réunissent). Ce serait animal sans l'être. Cet homme-là s'intéresse à un petit peu tout : la bagnole, la politique, les expos, la bouffe. Il est sans nostalgie aucune. Préfère les automobiles contemporaines (elles sont sûres et solides), dessinées (la petite BMW 130i), aux antiquités cahoteuses. Ou alors ce sera la Lotus Seven. Cet homme faussement nonchalant habite rive gauche. Il lutte pour sauvegarder le temps, ses arythmies, le prendre et l'infuser. Il ne court pas. Il flâne. Il ne frime pas. Il observe. L'avez-vous remarqué ? Il est hyperchic mais jamais apprêté, se bat pour ne pas terminer vieux garçon. Bien entendu, il appartient à ce genre de personne à qui il est difficile de faire un cadeau. Car l'homme de

French Lover se contente de peu de chose (quelle farce !). Des intemporels. Une chemise de chez Turnbull & Hasser (tiens...) car il est certain qu'elle ne sera pas démodée l'année prochaine. Un col roulé de chez Smedley car le French Lover aime les laines écossaises. Il aime aussi les gadgets car ils attirent sur son visage un sourire adolescent : Ipod, le dernier Leica M8, une Rolex sans froufrou, le Mac book.

5

On se pince alors les lèvres d'effroi

C'est toujours drôle (enfin presque) de revenir dans des adresses comme Allard, rue Saint-André-des-Arts. Le temps y est glorieux, caramélisant les tableaux et les boiseries, les touristes rêvent tout haut. Tout y est, on en sangloterait de nostalgie. Il y a toujours ce fameux tri à l'entrée qui vous classe aussi implacablement que le rez-de-chaussée de Lipp à Paris. Ici, c'est à droite (pour le gratin) et à gauche, pour les touristes et les péquenots. J'en fus. Pas grave, car on s'aperçoit alors de la douce illusion qui baigne la gastronomie française. Les tablées ronronnent de félicité obligée (la friction persuasive des guides) mais l'assiette traînaille, les mains dans les poches, le mégot au bec. Prenez ce poulet rôti pour deux personnes (55 euros) qui devrait en quelques tours de broche enchanter les cœurs les plus simples. Pfut ! C'est une misère. Il est rôti à la va-comme-j'te-pousse (les ailerons sont noircis et donnent un goût méchant au plat), les pommes de terre ne rissolent pas, la mâche est asthénique et mate de sécheresse, la découpe est cafardeuse (un petit massacre à la tronçonneuse) et, bien entendu, dans l'implacable logique des choses, le service est de la même humeur. On réclame de la sauce car l'ensemble est un peu sec. Réponse : « Ce n'est pas prévu. » Bon. On demande une tarte chaude aux pommes, réponse narquoise qui se voudrait persuasive : « Quinze minutes d'attente ! » Au bout d'un moment, on observe rigolard (mais sincèrement navré) le jeu parfois sot de cette restauration parisienne qui se croit encore championne du monde.

Dans la foulée, j'ai bien évidemment reçu une lettre vigoureuse et indignée. Le patron était furieux que je ne me sois pas présenté et regrettait ce manque élémentaire de politesse. Bah, quelques mois plus tard, je me suis dit qu'il fallait redonner une chance à cette table. Je profitais d'un dîner de garçons et tentais la proposition. L'un d'entre eux par e-mail demanda s'il fallait venir en *black tie*. La réponse d'un autre convive ne tarda pas : « Non ! C'est plutôt une brasserie ringarde et chère. »

Nous avons donc joué le jeu en extirpant une tablée dans la partie chicos. La partition n'avait pas changé : poulet cafardeux (et de surcroît pas assez cuit !), poule faisane au chou du même acabit, tarte aux pommes grassouillette, service dans sa distance ironique, patron surveillant la tôle, tables surserrées. Et puis cette population de touristes goûtant les ors de la cuisine française. On se pince alors les lèvres d'effroi car sur la vitrine du dehors, tous les guides viennent faire leur génuflexion en posant leurs autocollants. Pourquoi ne serait-ce pas bon alors que tout le monde le soutient ?

Être régulièrement treuillé au restaurant par de mauvais camarades, aussi impatients qu'exigeants, ramène vite fait les pieds sur terre. Il s'agit alors de trouver des adresses inoxydables, aux reins d'acier, à l'haleine de glacier. C'est ce que je pensais en réservant au Louis XX à Paris, accroché sur les flancs de la montagne Sainte-Geneviève, vanté ici et là pour sa solide faconde. Allez raconter cela à nos lascars, authentiques voyous de la calorie et flambards du bec. Un gigot parfait et les voilà transformés en louveteaux, une sole cuite à l'arête et l'on récupère de douces colombes à l'iris humide. Mais la pluie de sarcasmes tomba dès l'entrée : le pâté servi en terrine était mou du genou, poussif, comme éventé. Le pire, c'était le pain. Comme il était ingrat ! Avec, par-dessus le marché, une singulière insolence qui transforma la tablée en meute de chiens renifleurs. L'odeur dégagée par ce pain fit l'unanimité : vieille chaussette (taille 43). Imaginez cette douce racaille accueillir la côte de bœuf, servie un peu trop tiède et sans les « grosses » frites annoncées (il n'y en avait plus).

Si vous arrivez suffisamment tôt au Duc, boulevard Raspail, vous risquez d'avoir un cadeau des dieux : l'ouverture des lumières dans cet antre projeté de naguère. Il est 20 heures et c'est tout juste s'il n'y a pas encore les poubelles vertes du matin. Non, juste le panonceau du voiturier, le restaurant s'ébroue. Dans quelques instants, un joli Paris va sortir du papier de soie. Comme des chaussures peu utilisées, des personnes aux peaux satinées, aux étoffes profondes vont venir offrir une lamelle de leur appétit, un zip de sourire. C'est exquis, au bord de l'immobilisme, du rictus mondain, mais sincèrement irrésistible. On voudrait rester comme au bord d'un feu de cheminée, la voix du serveur vous réveille de votre songe : « Vous voulez un café ? » Non, l'addition. Le bar cru constitue le grand classique de la maison à l'instar des coquilles Saint-Jacques émincées à cru, tranchées convenablement en fines lamelles. De surcroît, la température du poisson est parfaite, juste chambré histoire de mieux pénétrer les saveurs diaphanes du bar. Sur les Saint-Jacques, une huile légèrement vanillée (semble-t-il) accompagne ces petites hosties frêles et capiteuses. Il y a comme une péréquation entre cet univers très soucieux de soi (une clientèle soigneuse du moindre détail), un mimétisme qui n'est pas désagréable : ce genre de fusion entre la nature d'une clientèle, d'un décor, d'un passé, le tout se retrouvant et se saluant sur un quai d'aujourd'hui. On peut dire alors que c'est un plat culte. Le bar au thym, la lotte à la provençale procèdent de la même discrétion et avancent avec un seul souci, être impeccables, sans faux pli, ne pas trop la ramener, car ici le client est roi. Desserts académiques avec un chariot sereinement classique : ses fruits frais, ses crèmes, mousses et tartes. Le feuilleté avait un peu vécu (il partait en vrac) mais sa crème vanillée avait encore de la tenue et s'avérait excellente. Service fidèle à lui-même, stoïque, attentif et efficace, il glisse entre les deux salles à manger avec une sérénité étudiée. La clientèle, on l'a dit, est superbe dans son expression, avec ce tangage qui nous enchante, style ponton de Corse, rue principale de Gstaad, gentry au poil lustré, quelques sourires narquois, un peu de morgue ici et là, mais du chien, de la loutre ; un monde entre et content de soi. La soirée fut délicieuse, de quoi parlions-nous ? Qu'importe, vous le savez bien. Le principal, c'est de ne surtout pas rompre (le fil). De parler, parler comme l'on tient la rambarde d'une passerelle. Elle avait les jambes croisées. Surlignait l'espace avec cette géométrie d'obliques. Et puis, elle s'est penchée comme si elle voulait ramasser un objet, un ticket. Il n'en était rien. Elle a juste touché sa cheville. L'astragale précisément. Sans aucune raison. Si ce n'est celle de mettre son corps en plongée, montrer la souplesse de ses épaules. Pas un instant vous n'avez pensé à un pincement, une petite douleur. Peut-être la vôtre commençait. Ses doigts venaient juste montrer un point innocent, si éloigné des péchés capitaux. Une syllabe anodine dans son doux phrasé. Et puis, elle a tourné sa cuillère dans son café.

4

Ce n'est pas un mec bien

Dans le Quartier latin, pourtant si chétif dans ses appétits, une table s'est déclenchée il y a deux ans, entre la rue des Écoles et le boulevard Saint-Germain, Le Pré Verre. Le décor est rassurant dans son côté brut. Trop souvent, on a l'impression que la moitié de l'addition file dans la moquette, les lampions édités en Finlande, le latex des jupes des serveuses, la moumoute du directeur de salle. Ici, ça ne risque pas. Même les éclairages sont un peu durs le soir. Pas de nappe, des serviettes en matières fibreuses, à la limite, ce n'est pas grave, on a l'impression que le décor est dressé, comme une assiette attendue au tournant. Dans la formule du jour, il y avait ce soir-là des Saint-Jacques au caramel de soja, un intitulé à l'œil vif, la lèvre brillante. Sur un petit lit d'herbes, les voici, certes en nombre restreint (une ou deux découpées) mais percutantes avec leur caramel de soja. Le plat est ramassé dans sa simplicité et sa portion. Il vise juste. Au bout d'un moment, on sent plus le procédé (associer par exemple l'onglet de veau avec les échalotes, le gingembre et la purée d'amandes) que l'authentique plaisir. Il y a assurément de l'idée mais l'assiette n'a pas la même intelligence, elle essaie de briller mais rame. Qu'importe au demeurant pour la clientèle bien décidée à passer un bon moment, et réunissant dévots et fervents des bonnes petites adresses, venus sur la pointe des pieds éprouver la pépite. Des gens contents en appétit et finalement pas si regardants.

Ce soir-là, nous étions côte à côte, avec une tablée qui allait vite m'intriguer. Quand on dit côte à côte, le terme est physiquement juste. Pour dire que rien n'échappait des conversations respectives. Il y avait là une pro de la cuisine qui tenait à le faire savoir notamment à sa vis-à-vise, une junior qui semblait boire les paroles de son aînée avec une grande déférence. Celle-ci sans doute galvanisée par cette oreille docile et admirative s'en vint à brosser un tableau de la place gastronomique. Visiblement elle était proche des grands chefs dont elle écrivait les recettes. Cela commençait à devenir passionnant sa façon de les décrire comme des enfants un peu encombrants. C'est à elle que revenait tout le boulot, refaire les grammages, ôter leur manie de cuisiner des plats pour douze. Je me suis dit que je n'allais pas tarder à faire partie de la galerie et du stand de tir.

Cela vint plus tôt que prévu puisque la stagiaire mit sur le tapis le nom de votre humble serviteur. L'autre garda cette même superbe pour me déshabiller en quatre coups de cuillère à pot. Trop méchant, conclut-elle. Il est détesté. La junior, cependant, semblait être acquise à ces gros défauts. J'aurais voulu lui glisser des antisèches sous la table, lui dire que j'étais un gentil garçon, isolé sur sa banquise avec son arbalète en marshmallow.

C'était assez troublant puisque j'étais pile dans sa diagonale, il était clair qu'elle n'avait pas localisé le rongeur de grenades. Mais l'insolente tint à me défendre. Cela devenait passionnant d'autant que ses arguments tenaient la route et qu'il n'y avait nulle passion excessive, juste un brave tableau, flatteur certes, mais pas de brosse à reluire pour autant. Juchée sur sa motte de beurre, la grande prêtresse ne comprit pas bien ce genre de raisonnement. On était en train de lui gâcher son numéro. Elle balaya avec suffisance cette fronde innocente. Mais l'inconsciente se mit à monter au front. Cela devenait vertigineux. Il arriva un moment où cette discussion allait tourner au vinaigre lorsque notre dame de la haute cuisine sortit un argument imparable : « Écoute, de toute façon, pour le connaître personnellement, je peux te dire que j'ai été témoin de deux choses...

— Alors ?

— C'est pas un mec bien. »

La jouvencelle se tut un brin triste, la fourchette en berne.

Qu'auriez-vous fait ? Se lever et faire ravaler les couleuvres à l'impie ? Sangloter et raconter une histoire similaire pour les conforter dans leur version.

Non, ne rien dire.

Au dessert, j'étais récompensé. La rédactrice culinaire, qui était invitée dans ce restaurant pour en avoir rédigé le livre, raconta sa vie privée. Doux Jésus.

3

Vous venez du Plaza ? Non

Plus le projet du livre s'éloignait, plus il devenait bienveillant dans sa distance. Il perdait sa consistance, sa tyrannie. Le raconter parfois devenait comme une volupté ancienne, un risque conservé pieusement sous verre. « Cinq week-ends, cinq personnages même celui de l'absente », cette litanie avait fini par m'endormir. Sa lassitude était douce, son oubli était le comble du luxe.

Je me suis découragé à tendre des fils, à guetter l'ombre et sa proie. Parfois, quelques mots sortaient. Une candidate semblait l'idéal. Soudain dans un bain trop chaud, je sursautais, la réservation était annulée.

Le monde des restaurants pour ce genre de marchandage, c'est parfait. Ils savent accélérer la vie et, bien sûr, mentir. Un geste de magie, un zeste de Paris, votre plus beau sourire... Avec ça comme bagage, vous avez toutes les chances de passer la meilleure des soirées, de déclencher la suite. Ajoutez tout de même une bonne étoile, une bonne compagnie et une carte de crédit aux reins solidement cambrés. Direction pour le grand soir, les Yachts de Paris, attablés sur le quai Henri-IV. On se croirait dans un spot publicitaire : la nuit a été ripolinée de noir scarabée, l'eau est trempée, le bateau flotte. On attend une belle en soie se parfumant avec une eau de toilette ruineuse. Un maître d'hôtel est sur le ponton. Il croit vous reconnaître : « Vous venez du Plaza Athénée, n'est-ce pas ? » Hélas, non. Contrariété de l'élégant qui se mord les lèvres d'avoir loupé son numéro de fouet. En fait, dans ces moments-là, il faudrait dire « oui, nous venons du Plaza Athénée ». La vie serait plus belle encore. On vous parle en britannique. On vous mène directement à la table royale, un attaché-case vous attend discrètement sur le fauteuil voisin, une coupe de champagne jaillit comme un sabre. Spécialement, le chef est venu pour vous ce soir, il va décolleter votre œuf à la coque. Hélas, on ne sait jamais où l'on a la tête. Le Français est ainsi, il passe souvent sa vie à ruminer, se lamenter de son célèbre esprit d'escalier. Le repas a été, nous dit-on, « imaginé » par Jean-Pierre Vigato, le chef en vue de l'Apicius à Paris. La sémantique de la gastronomie est bigrement ailée en ce moment. Lorsqu'un chef place un orteil ailleurs que dans sa bassine, il a toujours des expressions de duchesse, une petite moue gênée lorsqu'il sous-traite son (immense) talent. Lorsque Troisgros cachetonne (brillamment du reste) au Lancaster, on dit « by » Michel Troisgros, etc. Ici, donc le menu a été « imaginé ». Ce n'est pas plus mal. Ça donne dans la légèreté ambiante, faite de mousses, d'émulsions (celle de homard façon provençale n'est pas mal du tout), de « petit » pot de carotte en « transparence irisée ». On le voit, c'est très petit doigt en l'air pour appétit séquencé.

La croisière est assez longue (ce n'est pas gênant lorsque la compagnie est délicieuse) donc, comme sur les long-courriers (et les poulettes en batterie), on multiplie les plats. Il y aura en tout sept passages. Lorsque le filet de bœuf et sa compotée de cannellonis aux parfums des bois arrive, on se regarde un peu embarrassé : on n'a plus faim. Personne ne vous oblige à finir (un jour viendra) mais c'est un peu bizarre de laisser des mets exquis sur son assiette alors que dehors, sous les ponts...

Il y a Paris. C'est à pleurer de bonheur tant le swing est brillant, les citations cinglantes. Immense, lent et interminable travelling avec cette manière irrésistible d'aborder une ville par l'eau, au ras (New York, Tokyo, Rio, Saint-Nazaire...). Il n'y a pas à dire, cela a du chien (on a envie d'aboyer de félicité). La clientèle est comme toujours inattendue, brassant parfois des haltérophiles en survêt', des tablées de palace, des couples en attente de transes, des touristes punaisés de stupeur. Avec un vin raisonnable (59 euros tout de même), on grimpe à 395 euros (2 591 francs pour parler comme au XXe siècle). C'est franchement très cher et, paradoxalement, si vous avez un cœur d'enfant, la monnaie insouciante, cela passe très bien. J'ai même cru comprendre que l'on pouvait vous en être reconnaissant.

Le retour en taxi fut paisible, rien à voir avec la veille dans un grand palace de la même rive. Le dîner avait été plaisant (l'assiette un peu moins). Dehors il faisait pluie et grève, une composante parisienne inimitable qui réunit la ville dans une tension aussi dense, noire et belle que l'astrakan. Voyant notre embarras, le chasseur, après avoir vainement cherché, nous proposa fort aimablement une voiture de l'hôtel pour nous raccompagner à notre domicile. Après un court trajet, le chauffeur un peu réticent avant le trajet nous a donc déposés. Ayant passé la soirée sur un nuage, j'ai commis probablement une erreur : ne pas laisser de pourboire (il ne me restait plus de monnaie), mais j'ai remercié avec effusion. C'est là où les choses se sont détériorées. Ce sera 20 euros m'a-t-on répondu car je n'étais pas client de l'hôtel. Je m'en suis étonné n'ayant pas été informé de ce tarif et ayant encore en souvenir ce genre de service exceptionnel dans les grandes maisons. J'ai souhaité avoir alors un reçu qui m'a été refusé. L'alternative étant soit 20 euros, soit... Retour à l'hôtel. Devant tant d'absurdité, j'ai voulu aller au bout de ce raisonnement fantaisiste. Et, effectivement, nous avons été ramenés sur la rive droite, au pied de l'hôtel avec quelques commentaires peu courtois, voire désobligeants. Arrivé sur place, l'entretien avec le chasseur ne fut guère concluant, chacun étant dans ses positions, et nous sous la pluie. Par chance, nous avons trouvé un taxi en fin de service. Il a été très aimable, charmant et nous a demandé 5,70 euros.

Nous parlions. De quoi parlions-nous encore ? De futilités. D'un rendez-vous chez un pépiniériste. Fallait-il s'y retrouver ? Irions-nous ensemble ? Quelle heure est-il à présent ? Elle a baissé son regard sur sa montre-bracelet. Je me souviendrai longtemps de cet instant. Elle a gardé le visage dans cette même inclinaison. Puis a relevé les yeux. Avec cette espièglerie, cette douceur qui fait fondre toutes vos résistances. De quoi parlions-nous encore ? Trop tard, la vie s'était engouffrée, avait dévoré les glycines du pépiniériste. Demain soir, elle était prise, elle ne pouvait pas venir chez L'Ami Louis. Je restai avec ce regard.

Les Américains en sont dingues, les Parisiens hésitent entre l'ignorance et l'effroi des additions, L'Ami Louis appartient tout simplement à ce genre d'adresses trempées dans le métal. Le thème en est simple : résister à toutes les modes, rester bien droit dans ses bottes et conserver coûte que coûte (façon de parler) ce qui fit sa réputation il y a une cinquantaine d'années : grosses tranches de foie gras, poulet rôti pour deux, monceaux de frites et superbe carte des vins. La critique est régulièrement venue se casser les dents dessus, attaquant non sans raison la qualité d'un foie gras quelconque, une carte immuable et d'autres petits défauts de routine : le service, les rideaux, les réservations. Bah, l'adresse n'a pas moufté. Inoxydable, on vous dit. Dans ce genre de configuration, mieux vaut venir avec un vrai révélateur. Un vrai casse-pieds tout droit sorti des États-Unis. Un jamais content, toujours raison, de cette race qui nous enchante et nous fait rire en même temps que lever les yeux au ciel.

D'habitude, ces taquineurs armoriés vont chercher la petite bête dans la carte des vins. Manque de pot, celle-ci est en béton. Ça canarde dans toutes les années, les grands millésimes, les étiquettes m'as-tu-vu et même des timides. Tout le monde est là, grosso modo. Conséquence : on la ferme ! Ensuite, ils agrippent la manche du maître d'hôtel et s'en vont dérouler leur connaissance. Dont ils ne connaissent que le prénom. Et John ? Et Bob ? Et Luigi ? Pas de pot, le maître d'hôtel connaissait tout ce beau linge. Il était avec Bob le week-end dernier à Meursault et court rejoindre John au bord d'un lac américain. Ce genre de partie de ping-pong tourne vite court – douze minutes tout de même de générique emplumé, de magnum et de montrachet au petit déjeuner. Heureusement, il y a bien un moment où il s'agit de claper. Ça tombe bien, l'assiette de jambon arrive. Lumpen chic. Celle-là, inutile de lui chercher des crosses, elle est nature. Comme si on allait critiquer une pin-up en maillot de bain sur un pont de teck. Rien à redire, de l'excellent, du très bon, du *pata negra*. Là, c'est l'alphabet gourmand, il suffit de trancher convenablement, ça cloue le bec aux taquins.

Lorsque le poulet rôti est arrivé, j'ai bien cru que mon Louis de Funès allait avoir la larme à l'œil, style Anton Ego dans le film *Ratatouille*. C'est bien simple, il s'est tu. Ça a fait tout bizarre, le restaurant a failli se retourner sur nous. Mais heureusement, la porte n'arrêtait pas de battre. Ça arrivait par grappes sentant bon des eaux de Cologne à la fougère, des grands garçons solides et prospères précédés de lianes en jeans et en cheveux. Le poulet, il faut le dire, est impeccable. Non seulement il est bon (jolie peau diaphane, au bord de la nacre), il est bien rôti (moelleux et croustillant de la peau), mais, en plus, il a du corps, de la gouaille. La frite manquait un petit peu de vaillance ce soir-là (bain trop court et pas assez violent), mais conservait une authentique dignité artisanale. Lorsqu'il eut consciencieusement ratissé toutes les frites du bûcher, notre homme eut un grand mot : « Remarquable ! » Ce genre de stupéfaction au ralenti, d'incrédulité à la Mr Bean. Le poulet eut droit à un éloge mortuaire à la Bossuet.

Croyant avoir touché la terre ferme, le costume encore trempé de larmes, notre coriace demanda du fromage pour lessiver un corton 2001. « Y en a pas », qu'on lui dit. Holà, dans ce genre de déflagration, mieux vaut reculer d'un pas. « Y en a pas ? », répétait-il. « Non », qu'on lui répondit. Le sketch digne d'un Fernand Raynaud fut répété quatre, cinq fois et ce, à des serveurs différents, comme si l'un d'entre eux avait planqué de l'époisses dans son vestiaire.

La clientèle est ici dans une douce félicité. C'est un formidable casting échappé des palaces (dont c'est un peu ici la garderie) : belles femmes, simili-Mickey Rourke, grands garçons élevés aux laitages, femmes dans l'embuscade et puis deux gamins qui se barbaient douloureusement dans ce capharnaüm d'enfants gâtés. C'est certain, dans trente ans, ils referont le même coup à leurs mouflets.

Le service n'a pas changé. Il est ironique, madré à qui on ne la fait pas, parisien quoi ! L'addition n'est pas piquée des hannetons (382 euros à deux), mais, au moins, le jambon était excellent, le poulet d'anthologie et les vins à la hauteur.

2

La rue Paul-Bert et son pistil

Allez savoir pourquoi une rue surgit soudainement de l'ombre. Cette rue Paul-Bert, je la connais depuis longtemps. Elle somnolait dans son oblique avant de renoncer dans un carrefour en pistil. Elle était dans sa droiture, montée haut en étages, rangée comme une bibliothèque. On la prenait pour couper court. Ce quartier était celui du labeur : artisans, restaurateurs (de meubles, s'entend). On usinait, frottait et tirebouchonnait. J'ai habité vingt ans ces rues de village, ces après-midi vrillés par les tours et perceuses. Il y avait une lenteur faite de frichti, de voitures en panne poussées à quatre, de salutations sonores et de petits vieux en canne. Il y avait même des fous. Des bizarres au regard incandescent. Des hurluberlus marchant en fourrure l'été venu, des vendeurs de tripes sortant avec sous le bras une tête de veau. Des artistes aérant leur âme. Il y eut même, derrière la maison, un atelier théâtral qui enseignait le cri primal. En ces temps, les isolations étaient ténues. En pleine sieste, vous sursautiez le front en sueur, dix malheureux stagiaires venaient de connaître violemment l'orgasme vocal.

Puis en quelques années, le quartier a changé, le mètre carré aussi. Les artisans se sont taillés, d'autres zèbres sont venus, les tables se sont multipliées. La rue Paul-Bert s'est cabrée. Et pof, en quelque temps ont fleuri d'excellentes adresses : le Bistrot Paul Bert (mon restaurant préféré de Paris), puis L'Écailler du Bistrot, Le Temps au Temps, une libraire gourmande. Et puis encore, un restaurant de viandes, l'Unico. Réservation fut prise dès les premiers jours. C'est sans doute le meilleur moment pour y aller car les bougres du lieu sont encore dans la stupeur du succès ; dans un mois, il faudrait jouer des coudes pour décrocher une place. Difficile de louper l'adresse tant elle klaxonne dans ses couleurs flashy années 65. C'était il y a peu encore une boucherie et voilà le résultat, un coup de plumeau et de houppette et vous voici propulsés dans les années 2010. C'est vif, cosy, il doit y avoir des tables signées (la grande au fond), ça vibre, bref, Unico est à son affaire. Et vous à la vôtre. (Qui euphorise ? Les patrons, les cuisiniers, les produits ?) Il y a une incroyable pêche dans les assiettes comme si les produits étaient contents d'être là. Ils s'époumonent, traversent le papier, impriment à fond à l'instar de viandes excellentes. On est dans le vif du sujet avec entrées du même cri (tortillas, guacamole, empanadas, ceviche...). Paris décidément aura toujours besoin des autres cultures pour s'échauffer, sortir de ses gonds, s'exprimer. La musique salsa pour monter sur les tables, le rhum pour le réchauffement du cœur, les verres de vodka pour la décoration des murs... Et bien entendu des adresses comme Unico pour embraser une soirée, foncer dans la viande, saisir les grosses frites à pleins doigts... Clientèle de quartier arrivant avec cette réserve bourgeoise que nous connaissons tous, puis se déridant en voyant l'attelage survitaminé des serveurs et quelques bombes latinos essaimées dans le local.

Pourquoi alors ce Bistrot Paul Bert reste-t-il mon préféré ? Tout simplement pour cette douce alchimie de vins débridés, d'une cuisine alerte et généreuse, d'un décor bistrotier, d'une clientèle venue en découdre et surtout, et sans doute, avec un patron (Bertrand Auboyneau) qui dans l'ombre, derrière et devant le bar, tire les ficelles avec cette douce mélancolie, cette joie calme de ceux que le bonheur des autres rend meilleur.

Il appartient à cette bonne galaxie des bistrots gourmands comme le Repaire de Cartouche, le Villaret, L'Os à Moelle, L'Entredgeu, Chez l'Ami Jean, Chez Michel, Au Bascou, Le Marsangy, Le Square Trousseau. On pourrait même y adjoindre deux autres adresses.

Tout d'abord, Le Baratin, dans le XXe. Lorsqu'on parvient à ce bistrot posé à dessein dans une rue en pente, on devine que votre sort en est jeté. Faut-il encore passer à travers les fourches du maître de maison, Philippe Pinoteau. Combien se sont brisé les dents et ont vu leur apparente médiocrité vexée par sa lame aiguisée à son paroxysme. Au profil d'acteur, entre Jeremy Irons et Harvey Keitel, distillant des flacons hors pair (un sainte-épine en saint-joseph digne des côtes-rôties), contournant sa clientèle ou l'abordant doucement de front avec cet art exquis d'un humanisme sans ennui. Il pourrait être dans un des plus beaux palaces d'Europe, mais sa vie l'a attiré ici.

Le Baratin est un bistrot solidement campé sur une carte courte mais faite du jour, à la minute et avec amour : salade de rascasse à l'orange et au gingembre, tourte de blettes à la mozzarella, travers de porc au miel, crumble aux framboises. C'est bon, clair, ça va droit à l'appétit. Ce soir-là, il fallait guetter l'ardoise et l'écriture de la fraîche : des coquilles Saint-Jacques sont arrivées dans l'après-midi. En cuisine, Raquel Carena a vite fait de penser qu'il ne fallait pas trop troubler la nature : jambon jabugo, des salsifis ou plutôt des scorcenaires (plus subtils) et une cuisson du bout des doigts, intelligente et sans armoiries moustachues.

Parfois, il y a des plats qui passent leur temps à se planquer comme s'ils avaient une vieille dette, un rendez-vous de couloir obscur, la mauvaise haleine, le mauvais argument. Ouh là, on les sent, fuyants, pleutres, penauds, ravalant leur salive, mangeant leur papier, pétochant comme des pauvres diables. Il en est d'autres qui montent au front sans rien. Ils ont la fleur au fusil et sous toutes les latitudes, ils peuvent afficher leur superbe, leur faconde, leur verbe. Ce cabillaud, on aurait dit qu'il portait un drapeau. Il y avait dessus la nacre de la chair, le pourpre d'une tomate dédoublée d'acides citronnés, la matité d'une purée. Juste la sincérité de ces chansons dépouillées, sans artifices. De but en blanc. La carte des vins est belle, solidement arrimée à la butte. Ne me demandez pas des références, des millésimes et des prix, à partir d'une certaine heure, tout se mélange dans ma pauvre tête, des souvenirs sautent, je perds des syllabes, des morceaux de ma carlingue. Je retrouve le surlendemain des bribes, le souvenir gelé d'un taxi dévalant la rue de Belleville, la redescente vers la ville. Mais il me reste des souvenirs de plats écumants de bonté et de précision (ragoût de porc aux câpres, queue de bœuf braisée, ragoût de cabillaud aux poivrons et safran) ; des tablées pétaradant de félicité (la nôtre toujours).

Ce matin-là, il y avait eu quelque chose de troublant au téléphone. Elle parlait peu. Par syllabes. La conversation filait malgré la gêne. Du reste, elle ne parlait pas. Elle devait être pressée, attendue. Ailleurs. Pourquoi insister ? C'est alors qu'elle s'est excusée. La phrase était incroyablement bancale, partait de travers. Roulait dans les champs. Elle était enrouée. Sa voix était rauque. Passait d'un aigu de petite fille à un grave de *whisky voice*. Ce fut comme un séisme de soie, une tempête douce, velours noir. On voulait s'accrocher aux rideaux. Savoir. Elle était si désolée. Le téléphone portable sonna. Elle le coupa.

1

On se réveille somnambulique dans un Paris bleuté

En repartant ce soir-là, nous avons un peu marché dans la rue. L'automne avançait. C'était une de ces belles nuits au grain fin, serré, vif et tonique. L'air laissait filer. Elle marchait d'un pas décidé. Je faisais de même. Qui était décidé ? Le feu allait passer au vert. Nous avons accéléré pour rejoindre le trottoir. Arrivés sur l'autre rive de la rue, alors que nous reprenions un pas citadin, nos mains se sont touchées. Par hasard. Elles ne se sont pas choquées. Ni même saisies ni prises. Juste touchées. Elle avait un voyage le lendemain. J'ai continué le chemin seul comme l'on entre dans la marge d'une histoire. Le livre continue ailleurs et vous, vous marchez, marchez jusqu'à ce que votre corps bouille. Paris marche à votre rythme, à vos côtés. Vous êtes dans un baiser avec ses flous, ses cahots et ses embardées. On avance dans sa propre buée, on se dit alors que tout est dit, qu'il ne faut plus rien écrire. Ne pas toucher. Ne pas penser.

L'autre adresse, c'est un salon de thé-épicerie, le Rose Bakery, de Rose Carrarini avec son mari Jean

Charles, rue des Martyrs. Leur secret : ils n'imposent pas leur vue de l'esprit, ils matent dans l'ombre. Ils avaient déjà un salon de thé à Londres, le Villandry (1988). Ils ont voyagé, ont noté, admiré (Richard Olney, Alice Waters), se sont émerveillés d'un bon jus de carotte d'une simplicité biblique servi par Fukiko Yokoyama, au restaurant Hyakumizon, à Tokyo. Vous verrez, le résultat est désarmant, voici une cuisine de simplicité, avec un ingrédient que l'on ne trouve pas chez Metro (le fournisseur de produits industriels des restaurants) : la bonté, le bien-être. Voilà pourquoi la recetteuse mondialement réputée, Trish Deseine, sent ici qu'on lui veut du bien. Elle y croise Rey Kawakubo, les bobos du quartier et les amoureux de cette nouvelle cuisine, étrangement dénudée, douce et savoureuse faite de scones, de laitage, de Granola, de salades et de jus pressé dans la spontanéité. Régulièrement des cuisiniers, des cuisinières traversent la petite salle en L, avec un plateau ronronnant de félicité : dessus, il y a des tartelettes toutes chaudes, des muffins, des tourtes et des pies. L'appétit vient en regardant. Chez Rose Bakery, il n'y a pas de menu, ni d'ordre. On peut commander un jus de pamplemousse, une soupe de petits pois aux amandes fraîches puis un café organique. Personne ne viendra vous relancer avec de gros sourcils.

Pas loin de là se tient un des chouchous de la nouvelle vague. Trop petit, trop malin, *too sexy* pour échapper à la moindre réserve. Élu par le Fooding, bécoté par les *foodie girls*, l'hôtel Amour – comme le Chateaubriand, avenue Parmentier – appartient au consensus mou (si doux) de la nouvelle vague. Malgré son œcuménisme en T-shirt moulant, il n'y a pas intérêt à penser autrement, faire la bouche en cul de poule, car, sachez-le, le gastronomiquement correct est (déjà) de retour avec la pensée correcte. Autant dire que nous sommes allés dans cet antre à quatre pattes, l'œil humide, la queue remuante. Dans le restaurant de l'hôtel, on peut palper la pénombre pourpre, clientèle *trendy*, serveuses en premier job, on retrouve la griffe Costes junior en prêt-à-porter. Carte ramassée allant à l'essentiel, ça, c'est bien. On se souvient alors que la décontraction est une chose très dure à faire en cuisine. Survoler certes, mais avec légèreté et précision. Et finalement bonne surprise, les nourritures étaient légères, apparemment banales sans grande fantaisie, sauf l'assaisonnement de la salade et du poulet qui, de façon étonnante, swinguait avec beaucoup d'efficacité et de percussions (il en devenait l'axe central). L'assiette était dans son caprice lorsque sa fourchette s'est glissée sur les hanches de l'assiette. C'était elle qui venait « goûter ».

C'était pas mal du tout avec, en pof pof, une crème brûlée bâclée mais l'honneur était sauf. À l'époque, on fumait sec, une sorte de rush final avant le couvre-feu. Coincé entre deux tables, j'ai réalisé que ces gens qui se déclenchaient sans même s'annoncer avaient néanmoins pour leurs vis-à-vis beaucoup d'attention. Plutôt que de leur envoyer leur fumée, ils portaient la cibiche à l'extérieur de la table et dégazaient de la même. Seul petit problème, ma table était prise en sandwich entre les deux, vous avez pigé la suite : la nôtre est devenue une véritable décharge.

Aller à l'hôtel Amour en pensant qu'au-dessus du dôme de salade il y a des chambres qui vous tendent les bras, c'est terriblement tentant. Tout le monde sait qu'on peut bénéficier du tarif de passage (soit la demi-journée) comme dans les love hôtel du monde entier. C'est assez banal ailleurs, mais ici, à Paris, ville pourtant si ouverte, on est à la limite de la commotion cérébrale. Malheureusement, pour m'être éclipsé entre la poire et le fromage, le tarif ne marchait pas pour la nuit. Il fallait la prendre en entier. Soit. Chambre 204 et deux mojitos plus tard, la nuit pouvait commencer. Rien de plus exotique finalement que Paris loin de chez soi. Redécouvrir d'autres bruits, l'ascenseur et ses taquets, la rue et ses allées et venues, les taxis de la nuit, ceux de l'aube, les camions des éboueurs, les livraisons du petit matin, les premiers klaxons impatients, la buée fraîche des enfants qui vont à l'école, le bruissement des femmes de ménage... Vous ne trouvez pas le sommeil, les somnifères (l'épuisement amoureux) n'y font rien. On se lève somnambulique dans un Paris bleuté.

Vivement la suite...

Impression réalisée par

BUSSIÈRE

GROUPE CPI

à Saint-Amand-Montrond (Cher)
pour le compte des Éditions Robert Laffont
en mai 2008

La photocomposition de cet ouvrage
a été réalisée par
GRAPHIC HAINAUT
59163 Condé-sur-l'Escaut

N° d'édition : 48717/01 – N° d'impression : 081564/1
Dépôt légal : mai 2008

Imprimé en France